"회개하라, 천국이 가까이 왔느니라" 마 4:17

살려면 회개하라

강신용 지음

"The time is fulfilled,
and the kingdom of God is at hand.
Repent! and believe in the gospel"

쿰란출판사

살려면

회개하라

성경구절은 개역개정판을 기본으로 하되, 이해를 돕기 위해 필요한 경우 표준새번역 개정판을 사용했습니다.

회개는 당신이 하나님 앞에서 영원히 죽을 수밖에 없는 죄인이라는 것을 진정으로 자백하고 그리스도의 십자가 공로로 말미암은 용서의 은혜를 받아들이는 것이다. 회개는 예수님을 당신의 '주님'으로 그리고 '구원주'로 영접하고, 죄와 사귀던 심령을 철두철미하게 부수는 것이며, 죄의 본성을 지닌 인간으로서 죄와 맺었던 관계를 단절하는 것이다. 회개는 그리스도께 달려가서 그분만을 피난처로 삼고, 그분을 영혼의 생명으로 감사히 영접하는 것이다. 땅을 향했던 마음을 하늘로 돌리고 결코 꺼지지 않는 사랑으로 하나님을 사랑하는 데 전념하는 것이다.

리처드 백스터(Richard Baxter, 1615-1691)

패역한 자들은 고집스럽게 이렇게 말한다. '만약 하나님이 나를 택하셨다면 내가 무슨 짓을 해도 나는 반드시 구원받게 될 것이다. 그러므로 내가 하고 싶은 대로 하면 된다.' 패역한 죄인들이여, 당신은 본말이 전도된 말을 하고 있으면서도 자신의 말이 옳다고 우기고 싶은 것이다. 하나님이 당신에게 무엇이라 말씀하고 있는가? '회개하고 돌이켜 너희 죄 없이함을 받으라…너희가 육신대로 살면 반드시 죽을 것이로되 영으로서 몸의 행실을 죽이면 살리니'(행 3:19; 롬 8:13). 이것보다 더 분명한 말씀이 어디 있는가? 하나님이 작정하신 것이 무엇이든 간에 내가 회개하고 믿는다면 구원을 받게 될 것이고, 내가 회개하지 않는다면 영원한 저주를 받아 지옥에 떨어지게 되리라는 것을 나는 확신한다.

조셉 얼라인(Joseph Alleine, 1634-1668)

모든 사람은 죄인이다. 모두 죄를 지은 탓에 하나님으로부터 멀어졌다. 회개해야만 하나님께 다시 돌아올 수 있다. 그렇지 않으면 영원히 멸망한다. 죄의 크고 작음에 상관없이 모든 죄인은 회개해야 한다. 그렇지 않으면 차라리 태어나지 않은 것이 더 낫다.

토마스 보스턴(Thomas Boston, 1676-1732)

머리말

 이 책은 깊이 있는 신학 이론을 다룬 책이 아니다. 예리한 이성의 눈으로 체계적인 논리를 전개한 논문집도 아니다. 회개하지 않은 많은 그리스도인들에게 회개가 얼마나 중요한지를 전하려고 쓴 책이다.
 믿음의 주이신 예수께서 회개하고 복음을 믿으라고 말씀하셨고, 사도들도 온갖 박해를 무릅쓰고 회개의 복음을 전파했으며, 믿음의 좁은 길을 걸어갔던 많은 제자들 역시 죄를 버리는 회개와 경건한 삶을 강조했다. 그런데 요즘은 회개 없는 복음이 횡행하고 있고, 말씀을 듣기는 해도 좀처럼 실천은 하지 않는다. 그러므로 모래 위에 집을 짓는 명목상의 그리스도인들이 너무 많은 시대다.

 그동안 전한 회개의 메시지를 요약하고, 때에 따라 성령께서 죄와 회개에 대해 교회에 주신 말씀들을 선별해서 이 책에 담았다. 본서를 읽고 묵상하는 가운데 자연스럽게 독자들의 마음눈이 밝아지고 영혼은 은혜의 빛으로 채워지리라 믿는다. 또한 사랑하시는 자녀들에게 회개의 영을 부어주셔서 가슴으로 회개하는 역사가 일어나고, 쇠약한 영혼들이 힘을 얻고 성령으로 충만해지기를 간구하며 이 책을 내놓는다.

2021년 3월
예수 그리스도의 작은 종
강 신 용

목차 Contents

머리말 … 8

제1부
지금은 잠에서 깨어날 때다

1장 시대를 분별하고 회개하라 | 14
2장 자신의 정체를 알고 회개하라 | 29

제2부
회개의 본질

1장 하나님께 돌아오는 것이 회개다 | 36
2장 죄를 뉘우치고 통회하는 것이 회개다 | 42
3장 순종으로 돌이키는 것이 회개다 | 56
4장 불의한 행실을 버리는 것이 회개다 | 79

제3부 받으시는 회개	1장 참된 회개만 받으신다 ㅣ 144
	2장 용서하는 자의 회개를 받으신다 ㅣ 156
	3장 받으시되 대가를 치르는 회개가 있다 ㅣ 169

제4부 회개의 결과들	1장 회개는 겸손한 사람을 만든다 ㅣ 178
	2장 회개는 환난을 멈추게 한다 ㅣ 187
	3장 회개는 구원의 믿음을 얻게 한다 ㅣ 200
	4장 회개는 개인과 교회의 성장을 가져온다 ㅣ 227

맺는말 … 236

주님은 말세를 살고 있는 그리스도인들에게 깨어 있으라고 명하신다. 잠에서 깨어나 준비한 자들만이 주님을 만날 수 있기 때문이다. 교회를 다녀도 육신의 정욕과 세상의 향락을 좇아 사는 사람, 생활의 염려에 묶여 증인의 삶을 살지 못하는 사람, 뜨겁지도 않고 차갑지도 않은 미지근한 믿음의 사람이 있다. 또한 이웃을 섬기려 하지 않고 섬김을 받으려고만 하는 사람, 진리의 말씀을 듣기는 하지만 순종은 하지 않는 사람, 영적으로 깊은 잠에 빠져 있는 사람들이 있다. 잠에서 깨어나라! 믿음의 눈을 뜨고 시대의 징조를 보라! 영원한 후회를 하고 싶지 않으면 때를 분별할 줄 알아야 한다. 자기의 죄와 허물을 바라보고 애통하며 회개하여 자신을 성결하게 하는 일을 소홀히 하지 말아야 한다.

to live, repent!

제1부

지금은 잠에서 깨어날 때다

to live, repent!

제1장

시대를 분별하고 회개하라

─────────── 우주는 하나님의 특별하신 뜻과 목적을 위해 창조되었고, 만물은 하나님이 정하신 시간에 의해 한 치의 오차도 없이 생성과 사멸을 반복하며 정해진 목표점을 향해 달려가고 있다. 인간은 지혜로운 것 같지만 눈앞의 현실만 바라보며 하루하루를 살아가는 하루살이와 같은 존재이다. 그래서 눈에 보이는 현상 이면에서 움직이는 전능자의 손길을 볼 수도 없고, 감지할 수도 없다.

성경은 다양한 모형과 예언으로 메시아에 대해 기록하고 있다. 그 예언대로 그리스도 예수께서 시간과 공간 안으로 들어오셔서 죄의 문제를 해결하시고 구원의 길을 열어놓으셨다. 그리고 다시 오신다는 약속을 남기고 승천하신 지 이천여 년이 흘렀다.

그런데 주님의 초림보다 다시 오신다는 예언이 성경에 무려 세 배나 더 많은 것을 보면 그분의 재림은 분명하다. 누구도 그날은 알지 못한다. 그러나 날이 궂고 새들이 낮게 나는 것은 비가 온다는 징조이고, 새벽에 동쪽 하늘이 붉게 물드는 것은 곧 해가 떠오른다는 징조인 것처럼, 깨어서 시대의 징조를 눈여겨보면 그날이 가깝다는 것은 알 수 있다. 지금은 깨어서 회개하며 준비를 할 때다. 주 예수께서 말씀하신 징조들을 세 가지로 나누어 살펴본다.

자연적인 징조

먼저 자연적인 징조 중 하나는 큰 지진이 많아진다는 것이다.

"곳곳에 큰 지진과 기근과 전염병이 있겠고 또 무서운 일과 하늘로부터 큰 징조들이 있으리라"(눅 21:11).

지진과 기근은 늘 있어 왔지만, 종말이 가까울수록 그 빈도가 잦아지고 강도가 더 세지는 것이 특징이다. 20세기에 들어서서 지진의 발생 횟수는 지난 세기보다 무려 열 배나 증가했고, 우리나라의 경우도 그 횟수가 빈번해지고 있다. 기근도 심각하기는 마찬가지다. 세계 인구의 70% 가량은 마음껏 먹지 못해 배고픔을 느끼며 잠자리에 든다고 한다.

전염병이 극심해지는 것도 마지막 때의 징조 중 하나다. 인간의 끝없는 욕심은 소나 돼지, 닭 등 가축을 공장에서 물건을 대량 생산하듯이 사육하기 때문에 동물들의 면역력이 약해져 쉽게 질병에 걸린다. 우리가 고통 받는 전염병의 70% 가량이 동물에 의해 전해진 것들이다. 중국 우한에서 시작된 코로나 바이러스는 금방 전 세계로 퍼져 나라마다 락다운을 반복하며 비상 대책을 발하지만, 좀처럼 잡히지 않고 있다. 특히 미국을 비롯한 선진국들이 더 심한 타격을 입어 수많은 인명이 희생되었으며 의료체계가 무너져 곤혹을 치르고 있다. 우리 생애에 처음 겪는 이 팬데믹은 우리의 일상뿐 아니라 경제와 사회 전반에 심각한 타격을 입혔다.

백인들의 잠재의식 속에는 황인종에 대한 피해의식이 들어 있다고 알려져 있다. 13세기 몽골의 기마부대가 중국, 러시아를 휩쓸고 유럽의 폴란드, 헝가리, 독일까지 쳐들어가 온갖 만행을 저질렀다. 몽골군이 유럽의 한 도시를 점령하면 모든 주민을 잔인하게 학살하므로 황색인들은 유럽의 백인들에게 공포의 대상이었다고 한다. 또한 유럽 인구의 절반 가까이를 몰살시킨 페스트는 몽골군이 설치류를 통해 옮겼다는 설이 퍼지면서 유럽인들은 동양인들에 대한 강한 반감과 피해의식이 깊어진 것이다.

게르만족을 정복하고 서로마 제국의 멸망의 원인을 제공한 훈족도 중앙아시아 사람들이었고, 미국을 최초로 공격한 나라도 동양의 일본인이었다. 이번의 코로나 바이러스의 진원지도 동양의 중국이며, 선거를 의식한 지도자들의 무책임한 발언은 인종차별을 부추겨 황해黃害의식을 가지고 있는 백인들을 자극하여 우리 한국인들도 곳곳에서 많은 피해를 입었다. 코로나 외에도 각종 전염병으로 하루에 5만 명 이상이 죽고 있는 것 역시 마지막 때에 나타나는 예사롭지 않은 일들이라 할 수 있다.

또한 전에는 겪어보지 못한 무시무시한 재앙이 발생하

는 것 역시 마지막 때의 징조다. 몇 년 전 인도네시아 수마트라 섬 근해에서 일어난 해일이 순식간에 23만여 명을 집어삼켰다. 일본의 후쿠시마 지역의 해일은 3만여 명을 휩쓸어 갔으며, 주변에 있는 핵발전소를 폭발시켜 주변 나라들에게 공포심을 안겨주었다.

환경오염으로 말미암아 오존층이 파괴되어 극지방의 만년설이 빠른 속도로 녹아내리고 있어 북극권의 한 마을의 기온이 화씨 100도까지 오르기도 하는 등 지구 온난화는 매우 빠르게 진행되고 있다. 지구 온난화는 땅과 숲을 건조시켜 사막이 확대되고, 각처에서 동시다발적으로 대형 산불을 일으켜 사람들을 위협하고 있다. 최근에 발생한 아마존의 산불은 약 4만여 km^2의 숲을 태웠고, 2019년 가을에 시작된 호주의 산불은 6개월여 동안 무려 18만 6천 km^2, 그러니까 한반도의 약 85% 면적을 잿더미로 만들었다. 이렇게 지구가 살기 힘든 위험한 장소로 변하고 있는 것도 마지막 때의 징조가 아닐 수 없다.

사회적인 징조

사회적인 징조 가운데 하나는, 민족 간의 분쟁으로 많

은 나라가 생겨난다고 주님은 말씀하셨다.

> "민족이 민족을, 나라가 나라를 대적하여 일어나겠고…"(마 24:7).

마지막 때가 가까울수록 전쟁이 급격히 늘어난다는 것이다. 하버드 대학의 B.A. 소로킨 교수의 조사에 의하면 20세기 이전 2500년 동안 지구상에서 약 2500여 회의 전쟁과 내란이 있었는데, 20세기 이후에는 이보다 8배가 증가되었다고 한다. 주님의 말씀대로 근세에 많은 민족과 민족이 서로 대립하고 분리하면서 신생 독립국들이 생겨났다. 누가복음 21장 29-30절에서 하신 말씀을 들어보자.

> "이에 비유로 이르시되 무화과나무와 모든 나무를 보라 싹이 나면 너희가 보고 여름이 가까운 줄을 자연히 아나니."

여기서 무화과나무는 이스라엘을, 모든 나무는 세상 나라들을 상징하며 싹이 나는 것은 나라가 세워지는 것을 의미한다. 이스라엘의 갑작스런 독립은 온 세계를 놀라게 했고, 1, 2차 세계 대전 이후에 한국을 비롯해 중국, 필리

핀, 인도 등 120여 개가 넘는 나라가 독립했다. 이는 지구상에 존재하는 나라들 중 50%가 넘는 숫자다.

그리고 사랑이 식어진다는 것이다.

"불법이 성하므로 많은 사람의 사랑이 식어지리라"(마 24:12).

반세기 전만 해도 자식은 부모에게 순종했고, 젊은이는 어른을, 제자는 스승을, 교인은 목사를 하나님의 사자로 인정하며 존경했다. 돈이나 쾌락보다는 인간관계를 더 소중하게 여겼고, 우정과 의리를 대단히 귀한 덕목으로 생각했다. 그러나 지금은 다르다. 자식이 부모를 거역하고, 젊은이가 어른을 무시하며, 제자가 선생에게 대들고, 교인들이 목회자들을 비난하며 대적하는 시대다. 믿는 자들까지 물질의 노예가 되어 돈만 사랑하고 쾌락만 사랑하는 시대가 되어 버렸다딤후 3:1-4.

또한 사회적인 징조로 성도덕의 타락이 극에 달한다는 것이다. 홍수 전 노아 때와 소돔 성이 멸망할 때 살았던 사람들보다 현대인들이 도덕적으로 더 타락했다는 말에 동의하는 사람들이 많다. 유다서 1장 7절은 성도덕의 타락으로 소돔 성을 불로 망하게 했는데, 그중 결정적인 것은 바로 동성애였음을 지적한다.

> "소돔과 고모라와 그 이웃 도시들도 그들과 같은 행동으로 음란하며 다른 육체를 따라가다가 영원한 불의 형벌을 받음으로 거울이 되었느니라"(유 1:7).

지금은 남자가 남자와, 여자가 여자와 합법적으로 결혼하는 시대이므로 함부로 말하면 법의 제재를 받는다. 그러나 하나님의 말씀은 영원토록 변하지 않는다.

영적인 징조

영적인 징조를 살펴보자. 주님은 그중 하나로 사람들을 미혹시키는 거짓 사역자들이 많이 생긴다고 하셨다.

> "거짓 선지자가 많이 일어나 많은 사람을 미혹하겠으며"(마 24:11).

그들은 천국 복음을 땅의 복음으로 전락시켜 자기 부인과 십자가는 내려놓고 세상의 부와 명예 등 땅의 것만 바라보도록 기복신앙을 가르치며, 택한 자들까지 미혹한다. 주님과 함께 영광을 얻으려면 고난도 함께 받아야 하고, 약속의 땅 낙원 천국으로 들어가려면 반드시 광야를 통과해야 한다. 그러나 거짓 사역자들은 죄와 회개에는 침묵하고 사랑과 은혜만을 강조하며 교인들을 거짓 구원의 평안 속에 안주하게 만든다.

영적인 징조 가운데 또 다른 하나는 천국 복음이 온 누리에 전파된다는 것이다. 복음은 예루살렘에서, 온 유대와 사마리아를 거쳐 온 세계로 퍼져나갔다. 유럽으로, 미주로, 태평양을 건너 한국으로 들어와 우리에게까지 전해졌다. 지금 복음은 온 세계를 돌아 발원지인 예루살렘으로 들어가고 있다. 이스라엘 중앙통계사무국은 최근 이스라엘에 158,000여 명의 기독교인이 있으며 이들은 전체 인구의 약 2%에 해당된다고 발표했다. 주님의 말씀을 더 들어보자.

"이 천국 복음이 모든 민족에게 증언되기 위하여 온 세상에 전파되리니 그제야 끝이 오리라"(마 24:14).

복음은 온 세계에 전파되어 있다. 온 세상 사람들이 복음을 믿어야 끝 날이 오는 것이 아니라, 온 세상에 복음이 전파되어야 끝 날이 온다는 말씀이다. 주님이 오시는 나팔소리가 당장 들려도 전혀 이상할 것이 없는 마지막 때에 우리는 살고 있다.

온 세상을 뒤흔들며 지구촌 사람들을 위협한 코로나바이러스의 위력 앞에서 맥을 못 추고 쩔쩔매는 모습들을 보면서 인간의 나약함과 무기력함에 새삼 놀라게 된다. 그리고 만물의 운명을 쥐고 섭리하시는 하나님의 위대하심에 절로 머리가 숙여진다.

이 팬데믹이 미국에 들이닥쳐 속수무책으로 퍼져 나갈 때의 일이다. 꿈인지 환상인지 성령께서 눈에 보이지 않는 영적 세계를 잠시 보여주셨다. 대형 메뚜기 같기도 하고 어찌 보면 작은 물개 같기도 한 검은 물체들이 새까맣게, 그리고 **빽빽**하게 공중을 뒤덮고 있으면서 무언가를 위해 부산하게 움직이고 있었다. 그들이 일사불란하게 움직이는 소리가 바다 한가운데서 들려오는 바람과 파도가 뒤

섞인 소리 같기도 하고, 수만 명의 군중이 모인 경기장에서 들려오는 소음 같기도 했는데 무언가 불쾌하고 두려움을 주는 소리였다. 그런데 그중 하나가 나더러 어서 들어와 함께 일하자고 끌어당기려 하기에 "나는 너희들과 함께할 사람이 아니다"라고 뿌리치며 돌아서는 장면이었다.

지금 눈앞에 나타나는 현상들은 보이지 않는 세계에서 일어나는 원인들의 결과라는 사실을 새삼 깨닫게 된다. 공중 권세를 쥐고 있는 거대한 흑암의 세력들이 코로나 역병으로 세상을 위협하며 택한 자들까지 미혹하는 장면이었다.

낙엽 한 잎 떨어지는 것도 하나님의 허락이 없이는 불가능하다. 그런데 하나님께서 왜 이런 재앙을 허락하셨는지, 이 재앙을 통해 무엇을 이루시려는지를 묵상하며 생각해 본다. 사탄은 세상 사람들을 밀 까부르듯 하면서 빼앗고 죽이고 멸망시키려는 목적으로 힘을 떨치고 있지만, 하나님은 이런 시험의 때를 통해 오염된 지구에게 숨을 쉴 기회를 주시고, 하늘 높은 줄 모르고 바벨탑을 쌓고 있는 인간이 얼마나 나약한 존재인지를 깨닫게 하신다.

또한 참과 거짓을 드러내시고, 알곡 성도와 바람에 나

는 쭉정이를 구별하신다. 택한 자들을 깨우셔서 주님을 맞을 준비를 하라 하시고, 추수꾼들에게는 사방에서 익은 곡식들을 거두라고 명하신다. 로마의 박해시대에 많은 성도들이 당국의 규제를 피해 지하 무덤으로 들어가서 예배 생활을 했다. 지하 10미터가 넘는 음습한 땅속 카타콤에서 믿음 생활을 하다가 생을 마친 이들도 부지기수로 많았다.

그러나 코로나 시대의 그리스도인들은 당국의 규제를 따라 주일날 이불 속에서 영상예배를 관람하고, 속옷차림으로 밥상 앞에서 설교를 들으면서 스스로 예배 생활을 잘하고 있다고 생각한다. 일부 지도자들은 영상장비가 없던 시절의 성도들은 모여서 예배를 드렸지만, 현대의 그리스도인들은 영상예배가 트렌드로 자리 잡아가고 있다고 말한다. 강의를 듣고, 회의를 하며, 멀리 있는 친구와 대화를 하고, 각종 예술작품을 감상하기 위해 영상기구를 사용하는 것은 좋은 일이다. 그러나 예배는 다르다.

예배란 같은 시간에, 같은 자리에 모인 회중이 각자 맡은 역할을 감당하며 자신의 몸을 거룩한 산 제물로 하나님께 드리는 것이다. 예배를 위해 모인 회중 위에 하나님의 임재가 있고, 성령의 은혜가 임한다. 솔로몬이 성전 건축을 끝내고 예배를 드렸을 때 영광의 구름이 성전에 가득했고, 예수님이 승천하신 후 마가의 다락방에 모여 기도하던 120명의 성도들이 성령의 불세례를 받았다. 하늘에서 24장로들이 보좌에 앉으신 하나님 앞에 모여 예배를 드리는 모습을 성경은 기록하고 있다. 모이는 예배와 흩어지는 예배는 다르다. 예배를 관람하는 것과 예배를 드리는 것은 전혀 다른 일이다.

주님께서 다시 오실 날이 매우 가깝다. 주님이 재림하실 때는 코로나로 법석을 떠는 현재의 세상과는 비교조차 되지 않는 대혼란에 빠질 것이다. 갑자기 하늘에서 큰 소리와 함께 하나님의 나팔소리가 천지를 진동하며 주님은 강림하실 것이다. 평시에 복음을 외면하고 살았던 수많은 사람들이 공포와 두려움에 사로잡혀 산으로, 동굴로 숨을 곳을 찾아 뛰어다닐 것이며, 세상은 지금까지 보지 못했던 무서운 환난에 휩싸일 것이다. 임신한 여인들에게서 갑자기 태아가 사라지고, 가정마다 어린아이들이 없어지므로 여인들은 아이들의 이름을 부르며 울부짖다가 혼절할 것이고, 이마에 성령의 인을 맞은 성도들은 천사들에게 이끌려 주님이 강림하신 공중으로 들려올라갈 것이다. 평생 교회를 다녔지만 가라지와 쭉정이로 믿음 없이 살았던 수많은 교인들이 거짓 선지자들의 감언이설에 속은 것이 억울하다고 가슴을 치며 통곡할 것이다.

그러므로 값싼 복음에 속아 불신자처럼 행했던 불의하고 부패한 행실들을 모두 회개하고 버려야 한다. 혼합된 진리를 전하는 자들에게서 돌아서야 한다. 그때에는 회개하여 심령이 가난해진 그리스도인마 5:3과 하나님의 뜻을 따라 살아온 그리스도인마 7:21, 그리고 오직 화평함과 거룩함을 따르던 산 믿음의 성도들만이 주님을 만날 수 있을 것이다히 12:14.

주님은 말세를 살고 있는 그리스도인들에게 깨어 있으라고 명하신다마 24:42. 잠에서 깨어나 준비한 자들만이 주님을 만날 수 있기 때문이다. 교회를 다녀도 육신의 정욕과 세상의 향락을 좇아 사는 사람, 생활의 염려에 묶여 증인의 삶을 살지 못하는 사람, 뜨겁지도 않고 차갑지도 않은 미지근한 믿음의 사람, 또한 이웃을 섬기려 하지 않고 섬김을 받으려고만 하는 사람, 진리의 말씀을 듣기는 하지만 순종은 하지 않는 사람, 영적으로 깊은 잠에 빠져 있는 사람들이다. 잠에서 깨어나라! 믿음의 눈을 뜨고 시대의 징조를 보라! 영원한 후회를 하고 싶지 않으면 때를 분별할 줄 알아야 한다. 자기의 죄와 허물을 바라보고 애통하며 회개하여 자신을 성결하게 하는 일을 소홀히 하지 말아야 한다.

"…죄인들아 손을 깨끗이 하라 두 마음을 품은 자들아 마음을 성결하게 하라 슬퍼하며 애통하며 울지어다 너희 웃음을 애통으로, 너희 즐거움을 근심으로 바꿀지어다 주 앞에서 낮추라 그리하면 주께서 너희를 높이시리라"(약 4:8-10).

제2장

자신의 정체를 알고 회개하라

주 예수께서 공생애를 시작하시면서 하신 첫 마디가 무엇인가? 바로 "회개하라 천국이 가까이 왔느니라"마 4:17는 말씀이었다. 회개한 사람만이 천국을 소유할 수 있다는 뜻이다. 달리 말하면, 회개 없이는 천국이 없다는 뜻이기도 하다. 마가는 예수님이 하신 말씀을 좀 더 구체적으로 기록하고 있다.

"때가 찼고 하나님의 나라가 가까이 왔으니 회개하고 복음을 믿으라"(막 1:15).

복음을 믿는 자가 하나님 나라를 소유할 수 있는데, 믿기 전에 반드시 해야 할 전제조건이 하나 있다. 그것이 바로 회개다.

회개하고 믿으라

베드로가 군중들 앞에서 복음을 전했다. 예수님의 죽으심과 부활하심의 의미를 구약 성경을 인용해 설명하면서, 유대인들이 십자가에 못 박아 죽인 나사렛 예수를 하나님은 주와 그리스도가 되게 하셨다는 결론으로 설교를 마쳤다. 그때 군중들은 죄의식이 가득한 상태로 사도들에게 질문했다. "형제들이여, 그러면 우리는 어찌 하면 좋단 말입니까?"

그때 베드로가 "지금부터 내가 하는 영접 기도를 따라 하면 구원을 받을 것입니다"라고 했는가? 아니면 "여러분에게 나누어준 전도지 하단에 있는 영접 기도문을 읽고 가까운 교회에 나가면 영생을 얻습니다"라고 말했는가? 아니다. 그의 메시지는 요즘 유행하는 그런 전도 방식과는 전혀 달랐다. 베드로는 먼저 회개를 요구했다.

"너희가 회개하여 각각 예수 그리스도의 이름으로 세례를 받고 죄 사함을 받으라 그리하면 성령의 선물을 받으리니"(행 2:38).

천국은 죄 사함 받은 자만이 얻을 수 있는데, 죄 사함은 회개한 자가 받는다는 뜻이다. 회개 없이 죄 사함 없고, 죄 사함 없이 천국은 없다.

바울이 이방 선교를 마치고 예루살렘으로 돌아가기 전 에베소교회의 장로들에게 고별 설교를 했다. 그동안 온갖 시련 속에서 자기가 어떻게 복음을 전했는지를 설명하면서 그는 이렇게 말했다.

"유대인과 헬라인들에게 하나님께 대한 회개와 우리 주 예수 그리스도께 대한 믿음을 증언한 것이라"(행 20:21).

그러니까 바울이 전했던 복음의 두 기둥은 하나님께 대한 회개와 주 예수 그리스도께 대한 믿음이었다. 회개와 믿음이라는 순서에 주목하라. 회개를 통해 얻은 믿음이 살아 있는 믿음이요, 바로 구원의 믿음이다.

나의 정체성은 죄인이다

신약 성경에서 회개로 번역된 단어로 '메타멜리아'와 '메타노이아'가 있다. '메타멜리아'가 어떤 행동에 대한 후회와 뉘우침悔을 의미한다면, '메타노이아'는 생각이나 목적, 혹은 행동을 고치는 것改을 뜻한다. 회개란, 죄에 대한 일시적인 뉘우침으로 끝나는 것이 아니라 주 안에서 지속적인 변화를 일으켜 선한 열매를 맺게 하는 것이다. 이것을 구원에 이르는 회개, 혹은 생명을 얻는 회개라고 부른다.

그런데 현대 교회는 회개하지 않은 사람들로 가득하다. 그리고 회개라는 말을 듣기 싫어한다. 자기 자신의 아이덴티티, 즉 정체성을 모르기 때문일 것이다. 사람들은 다른 사람과의 상대적인 비교로 자기의 위상을 가늠하며, 신분이나 학벌, 재물이나 명예 등 외적인 조건을 자기의 정체로 오해한다. 이렇게 자기의 정체를 모르는 사람들에게 회개란 듣기는 들어도 선뜻 마음에 와 닿지 않는 단어일 것이다.

그러나 모든 인간은 본질상 진노의 자녀로 태어난 죄인으로 영이 죽어 하나님과의 관계가 단절되었고, 공중 권세를 쥐고 있는 사탄에게 지배를 받는 존재라고 성경은 말한다엡 2:1-3. 영이 죽어 하나님과의 교제가 끊긴 자, 악한 세력의 지배를 받는 본질상 진노의 자녀가 바로 성경이 가르쳐주는 인간의 정체성이다.

그러므로 누구든지 죄의 저주인 둘째 사망, 즉 지옥에서 구원받으려면 자기의 정체성을 바르게 인식하고, 하나님 앞에서 회개하고 예수 그리스도를 자기의 구주로 믿어야 한다. 이것이 복음이다. 왜 그리스도 예수신가? 그가 만민의 죄를 속량하기 위해 죽으시고 부활하셔서 생명의 주가 되셨기 때문이다.

회개란 하나님께 돌아오는 것이다. 한 부자 아버지에게 두 아들이 있었다. 어느 날 둘째 아들이 아버지에게 자기가 받을 유산을 미리 받아 아버지 곁을 떠나 먼 나라로 갔다. 그러나 그는 받은 재산을 다 탕진하고 죽을 고생을 하다가 아버지를 떠난 것을 크게 후회한다. 그리고 고달픈 삶을 청산하고 다시 아버지 집으로 돌아왔다. 이것을 '회개'라고 한다. 회개란 자기가 하나님을 떠난 죄인이라는 사실을 깨닫고, 죄 된 삶에서 벗어나 하나님께 돌아와 새로운 삶을 사는 것이다.

to live, repent!

제2부

회개의 본질

to live, repent!

제1장

하나님께 돌아오는 것이 회개다

─────────── 회개란 하나님께 돌아오는 것이다. 한 부자 아버지에게 두 아들이 있었다. 어느 날 둘째 아들이 아버지에게 자기가 받을 유산을 미리 받아 아버지 곁을 떠나 먼 나라로 갔다. 그러나 그는 받은 재산을 다 탕진하고 죽을 고생을 하다가 아버지를 떠난 것을 크게 후회한다. 그리고 고달픈 삶을 청산하고 다시 아버지 집으로 돌아왔다. 이것을 '회개'라고 한다. 회개란 자기가 하나님을 떠난 죄인이라는 사실을 깨닫고, 죄 된 삶에서 벗어나 하나님께 돌아와 새로운 삶을 사는 것이다.

죄인의 삶은 곤고하다

아버지로부터 재산을 물려받은 둘째 아들은 먼 나라로 가서 사업을 시작했고, 많은 하인들을 고용했다. 그리고 밤마다 파티를 열어 먹고 마시며 즐거운 나날을 보냈다.

그런데 성경은 누가복음 15장 13절에서 그의 현실을 이렇게 묘사한다.

"그 후 며칠이 안 되어 둘째 아들이 재물을 다 모아 가지고 먼 나라에 가 거기서 허랑방탕하여 그 재산을 낭비하더니."

허랑방탕으로 번역된 헬라어 '아소토스'는 낭비와 방탕으로 품행이 불량하다는 뜻이다. 세월이 흐르면서 그의 재산은 점점 줄어들었고 그는 결국 홀로 남았다. 흉년이 들어 먹을 양식마저 떨어진 그는, 할 수 없이 돼지 치는 일을 하면서 돼지 먹이로 배를 채우려 했지만 그것마저도 부족했다. 더 이상 추락할 수 없는 인생의 맨 밑바닥으로 떨어진 것이다.

정신을 차리고 현실을 돌아본다. 아버지 곁을 떠난 것

이 문제였다. 그는 막대한 재물과 수많은 하인을 거느린 아버지의 권위 아래서 부족함 없이 풍족한 삶을 누리며 살던 상속자였다. 그런데 아버지의 권위와 통제 아래서 사는 것보다 나 좋을 대로 자유롭게 살아보려고 아버지 곁을 떠났는데, 알고 보니 그것은 방종일 뿐 자유가 아니었다. 오히려 아버지의 사랑과 관심 안에서 사는 것이 자유로운 삶이었음을 비로소 깨달은 것이다. 그는 자기의 어리석음을 뉘우치며 회개했다. 며칠을 눈물로 회개한 그는 비로소 자기의 참모습을 보게 되었고, 결국 아버지 집으로 돌아온다.

살려면 회개하라

예수께서 들려주신 이 비유의 핵심 주제는 바로 회개다. 몇 가지 교훈을 찾아보자.

첫째, 하나님을 떠난 사람은 참 자유를 잃고 죄의 속박에 매인다는 것이다. 하나님은 우리를 만드신 창조주요 그리스도 안에서 우리의 아버지가 되신다. 그런데 우리는 하나님을 떠나 세상의 풍속을 따라, 육체의 욕심을 따라 하나님을 등진 이방인으로 살았다. 하나님을 떠난 죄인들은 자신이 누구인지를 모르고, 어떻게 사는 것이 바른 삶인지도 모른 채, 수단과 방법을 가리지 않고 돈과 명예를 붙잡으려 애쓰며 살아간다. 아담 부부가 하나님처럼 지혜롭게 되어 자유를 누리며 살려는 욕망 때문에 금지된 열매를 따 먹은 결과가 어떻게 되었나? 자유는커녕 가난에 매이고, 질병에 매이고, 죽음의 영에 매여 사는 신세가 되고 말지 않았는가? 여기에 나오는 아들은 하나님을 떠나 곤고하게 살고 있는 죄인의 전형적인 모습이다.

둘째, 죄인이 살 길은 오직 회개뿐이라는 것이다. 회개란 멸망으로 달려가는 자신의 참모습을 바라보고 하나님께 돌아와 새로운 삶을 사는 것이다. 많은 사람들이 자기의 비참한 현실을 남 탓으로 돌리고, 경기景氣 탓으로 돌리며, 환경 탓으로 돌린다. 이런 사람에게 진정한 회개는 불가능하다. 회개하지 않은 사람은 눈앞의 현실을 우연이라 생각하지만, 회개한 사람은 자기가 불신앙의 씨를 심어 거두는 열매라는 사실을 인정한다.

셋째, 회개하면 죄 사함 받고 신분과 지위가 회복된다. 죄와 가난 속에서 살던 아들이 회개하고 돌아왔을 때 아버지는 아무것도 묻지 않았다. 아들을 환영하며 그에게 제일 좋은 옷과 신발은 물론 가락지까지 끼워주고, 살진 송아지를 잡아 잔치를 준비하라고 하인들에게 명했다. 이것이 바로 하나님의 마음이다. 하나님은 돌아온 죄인의 실수와 허물을 일체 묻지 않고 용서하신다. 그리고 하늘의 행위 책에서 회개한 죄들을 모두 지워버리시고 기억조차 아니하신다고 약속하셨다.

> "내가 네 허물을 빽빽한 구름같이, 네 죄를 안개같이 없이 하였으니 너는 내게로 돌아오라 내가 너를 구속하였음이니라"
> (사 44:22).

넷째, 자유의지를 잘 사용해야 한다는 것이다. 하나님은 인간을 박제된 인간, 다시 말하면 한쪽으로 쏠린 존재로 만들지 않으셨다. 완전한 자유의지를 주셨다. 그리스도를 믿어 낙원 천국을 얻든지, 그리스도를 외면하고 황천 지옥을 고집하든지 선택은 개인의 자유다. 사람들 앞에는 두 길밖에 없다. 셋이 아니라 둘이다. 사는 길과 죽는 길, 복의 길과 저주의 길, 두 길이 있을 뿐이다. 선택은 당신이 해야 한다신 30:19.

하나님은 특별한 경우가 아니면 인간의 자유의지를 제한하지 않으시고, 회개를 강요하지도 않으신다. 그러나 당신이 회개를 시작하고 도우심을 간절히 구하면 하나님은 회개의 영을 부으셔서 당신의 회개를 도우신다.

제2장
죄를 뉘우치고 통회하는 것이 회개다

───────── 회개란 하나님 앞에서 자기의 죄를 인식하고 뉘우치며 용서를 구하는 것이다. 이스라엘의 두 번째 왕 다윗은 고매한 인격을 가진 탁월한 신앙인이었지만, 그에게도 치명적인 실수가 있었다. 때는 이스라엘 군이 총동원되어 암몬 군대와 치열한 전투를 벌이고 있는 중이었다. 왕궁에 남아 홀로 옥상을 거닐던 다윗의 시선이 건너편 집에서 목욕을 하는 한 여인에게 쏠렸고, 욕망을 억제하지 못한 다윗은 그 여인을 왕궁으로 불러와 동침을 한다.

얼마 후 여인으로부터 임신 소식을 들은 다윗은 고심 끝에 사람을 보내어 전쟁터에 나가 있는 그녀의 남편 우리아를 왕궁으로 소환했다. 그리고 그의 노고를 치하하며 술을 먹여 집으로 돌려보내려고 했다. 밧세바가 남편의 아이를 임신한 것으로 만들어 문제를 해결하려 한 것이다.

악하고 야비한 죄

그러나 우리아는 부하들이 목숨을 걸고 싸우고 있는 시간에 자기만 집에 가서 아내와 잠자리를 함께 할 수 없다며 왕의 제의를 거절한다. 아무리 회유를 해도 안 되자 다윗은 다른 방법을 생각해냈다. 전투 지역의 사령관에게 편지를 보내 우리아를 싸움이 가장 치열한 장소에 배치할 것을 명했고, 결국 우리아는 전투 중 전사한다. 간음죄를 덮기 위해 다윗은 여인의 남편을 합법적으로 살해한 것이다.

교묘한 다윗의 술수를 알아차린 사람은 아무도 없었지만, 하나님의 불꽃 같은 눈은 속일 수 없었다. 전지전능하신 하나님은 사람의 심장도 꿰뚫어보시며 폐부도 살피는 분이시다. 그리고 행한 대로 보응하시고, 심은 대로 거두게 하시는 공의의 하나님이시다. 하나님은 선지자 나단을 보내셨고, 나단은 다윗 왕을 찾아가 입을 열었다.

"어느 마을에 양과 소 등 많은 가축을 소유한 부자가 살고 있었고, 그의 옆에는 새끼 양 한 마리밖에 없는 가난한 사람이 살고 있었습니다. 그 가난한 사람은 새끼 암양을 마치 친딸처럼 아끼고 사랑했습니다. 그런데 어느 날 부자의 집에 귀한 손님이 왔고, 부자는 손님을 대접하기 위해 가난한 사람의 새끼 양을 빼앗아다가 그것을 잡아서 손님을 대접했습니다."

눈물로 회개한 다윗

다윗이 분노를 억제하지 못하고 소리를 질렀다.

"…여호와의 살아 계심을 두고 맹세하노니 이 일을 행한 그 사람은 마땅히 죽을 자라 그가 불쌍히 여기지 아니하고 이런 일을 행하였으니 그 양 새끼를 네 배나 갚아주어야 하리라"
(삼하 12:5-6).

그때 나단이 다윗에게 말했다. "그 자가 바로 임금님입니다." 말문이 막힌 다윗은 할 말을 잃었다. 남에 대한 판단이 자기를 정죄한 것이다**롬 2:1**. 나단이 하나님 말씀을 전언한다.

> "그러한데 어찌하여 네가 여호와의 말씀을 업신여기고 나 보기에 악을 행하였느냐 네가 칼로 헷 사람 우리아를 치되 암몬 자손의 칼로 죽이고 그의 아내를 빼앗아 네 아내로 삼았도다 이제 네가 나를 업신여기고 헷 사람 우리아의 아내를 빼앗아 네 아내로 삼았은즉 칼이 네 집에서 영원토록 떠나지 아니하리라"(삼하 12:9-10).

하나님은 다윗이 범죄한 것은 하나님을 업신여긴 것이며, 그가 심은 대로 거두게 될 것임을 통보하셨다. 믿는 자가 습관적으로, 혹은 순간의 충동에 의해 죄를 범하는 것은 하나님을 업신여기는 행위다. 다윗은 죽지 않겠지만, 두 사람 사이에서 태어난 아들은 죽는다는 말을 전하고 나단은 돌아갔다. 다윗은 즉시 금식하면서 자기의 죄를 뉘우치며 회개했다. 그때 기록한 시가 바로 시편 6편, 32편과 51편 등이다.

> "내가 탄식함으로 피곤하여 밤마다 눈물로 내 침상을 띄우며 내 요를 적시나이다"(시 6:6).

시어詩語에 과장법이 사용되기는 했지만, 밤이면 밤마다 하나님 앞에서 자기 죄를 뉘우치고 자백하며 통회하므로 눈물이 얼마나 흘러내리는지 요를 흠뻑 적시고 침상을 띄울 정도였다는 것이다. 얼마나 울며 회개했는지 눈이 쇠하여져서 앞이 잘 안 보인다고 했다.

회개를 모르는 거짓 그리스도인들

당신은 회개를 한 그리스도인가? 아니면 회개하지 않은 그리스도인가? 회개하지 않고도 교회는 얼마든지 다닐 수 있다. 회개하지 않고도 직분을 받아 봉사하며 교회 생활을 즐길 수 있다. 회개하지 않고도 신학을 공부할 수 있고 전도사가 되고 목사가 될 수 있다. 주일학교부터 습관적으로 교회를 다니기만 했을 뿐, 평생 눈물로 회개한 적이 한 번도 없다는 그리스도인들이 너무 많다. 그러나 회개 없이는 죄를 용서받을 수 없고, 죄 용서 없이는 하늘나라도 없다. 입으로는 주 예수를 믿는다고 말하면서 여전히 죄 가운데서 사는 사람, 하나님을 사랑한다고 말하면서 습관적으로 말씀에 불순종하는 사람에 대해 성경은 이렇게 말한다.

"그들이 하나님을 시인하나 행위로는 부인하니 가증한 자요…"(딛 1:16).

믿는 자처럼 말하면서 믿지 않는 자처럼 행동하는 자는 가증한 위선자라는 것이다. 믿는 자의 말에는 행동이 따라온다. 행위가 따르지 않는 믿음은 구원과 상관없는 죽은 믿음이라는 말에 귀를 기울이라약 2:14.

회개란 죄를 죄로 인식하고, 뉘우치고, 용서를 구하며, 그 죄를 버리는 것이다. 죄로 오염된 생각이나 말이나 행동을 바꾸는 것이다. 먼저 하나님과의 관계에서 지켜야 할 규범과 인간관계에서 지켜야 할 도리를 기록한 십계명을 범한 죄들을 회개하라. 과거에 하나님을 외면하고, 우상에게 분향하고, 귀신에게 절하며, 무당이나 점쟁이, 부적 등에 의지했던 죄들을 회개하고 버려야 한다. 믿는 자가 수시로 주일을 범하고, 부모에게 불효한 죄, 비난과 미움으로 형제와 분쟁한 죄, 자신의 몸을 술과 음란의 도구로 삼았던 죄, 거짓말로 남을 속이고, 하나님의 소유와 사람의 소유를 도둑질한 죄, 우상숭배와 동일한 탐욕의 죄 등을 철저히 회개하고 돌이켜야 한다.

무엇을 회개해야 하는가

그러한 기본적인 죄들을 회개한 그리스도인들은 회개할 부분을 더 찾아야 한다. 처음 사랑을 버린 것을 회개하라. 주님을 처음 만났을 때 받은 은혜가 얼마나 크고 놀라운지 기도하고, 찬송하고, 성경을 읽으면서 만나는 사람에게 주 예수를 전하지 않았는가? 물 한 잔 마시면서도 감사했고, 나에게 생명 주신 주님이 얼마나 소중한 분이신지 주님이 원하신다면 내 목숨이라도 드리겠다고 다짐을 하지 않았는가?

그런데 지금 당신의 삶에서 주님은 어떤 위치에 계신가? 맨 앞자리에 자녀들을 두고, 그다음에 사업과 친구와 취미와 오락… 그다음, 그다음 순서에 주님을 두고 있는 건 아닌가? 아니 당신의 마음 중심에 주님의 자리가 있기는 한가? 그렇다면 당신은 지금 우상숭배의 죄에 빠져 있는 것이다. 처음 사랑을 버린 죄에 대한 주님의 말씀을 들어보자.

> "그러나 너를 책망할 것이 있나니 너의 처음 사랑을 버렸느니라 그러므로 어디서 떨어졌는지를 생각하고 회개하여 처음 행위를 가지라 만일 그리하지 아니하고 회개하지 아니하면

내가 네게 가서 네 촛대를 그 자리에서 옮기리라"(계 2:4-5).

성령의 불을 꺼뜨린 죄도 회개해야 한다. 성령으로 충만하여 얼굴에 은혜의 빛이 가득했는데 어느 사이에 어둠의 세력에게 사로잡혀 자주 시험에 들고, 세상 문화에 빠지고 물질의 단맛에 취해 은혜의 빛을 잃어버린 사람이 있다. 자신도 모르는 사이에 주님과 멀어지고 성령의 감화력이 약해져 뜨겁지도 않고, 차갑지도 않은 미지근한 믿음의 사람이 된 것이다.

만일 당신의 마음에 기쁨도 사라지고, 감사도 없어지고 과거에 은혜받기 전의 마음 상태로 돌아가 있다면 당신은 성령의 불을 꺼뜨린 사람일 것이다. 심각한 영적 위기가 아닐 수 없다. 열 처녀의 비유에서도 기름을 준비하지 않아 불을 꺼뜨린 다섯 처녀들은 혼인잔치에 들어가지 못했다.

성령의 불을 꺼뜨린 자들에게 주시는 주님의 경고를 들어보자.

"네가 이같이 미지근하여 뜨겁지도 아니하고 차지도 아니하니 내 입에서 너를 토하여 버리리라"(계 3:16).

미지근한 물에 갖가지 병균이 서식하는 것처럼 미지근한 신앙은 자기 영혼을 병들게 한다. 예수님 편에 서든지 사탄 편에 서든지 태도를 분명히 하라. 이것도 아니고, 저것도 아닌 미지근한 사람은 버림받기 십상이다. 성령의 불이 다시 타오르게 하라. 자주 모여 기도하고 찬송하며, 기름부음이 풍성한 교회를 찾아 예배의 불 속으로 들어가라.

달란트를 묻어둔 죄도 회개해야 한다. 달란트 비유는 장차 주님과 종들 사이에 있을 결산의 방식과 그에 따르는 결과에 대해 교훈과 경고를 준다. 다섯 달란트 받은 사람과 두 달란트 받은 사람은 열심히 일을 해서 갑절의 이익을 남겼다. 그들은 크게 칭찬받고 주님의 영광에 참여했지만, 한 달란트 받은 사람은 게으름을 피우며 아무 일도 하지 않아 결국 결박당한 채 바깥 어두운 데로 쫓겨났다.

주일 예배에는 참석하지만 설교를 듣는 것 외에는 아무 일도 하지 않는 사람은 달란트를 묻어둔 사람이다. 사랑의 실천과 영혼 구원에 무관심한 자들은 주님이 직접 하신 이 말씀을 남의 일로 여기는 우愚를 범하지 말라.

우리의 손에 더러운 것이 묻어 비누로 씻으면 깨끗해진

다. 그러나 주를 믿는 자들이 죄를 지어 영혼이 더러워지면 그것을 씻는 유일한 방법은 회개밖에 없다. 회개하고 빛 가운데 행하면 예수님의 피가 우리를 모든 죄에서 깨끗하게 해주신다고 요한일서 1장 7절은 말한다. 주님은 당신을 위해 자기 목숨을 주셨다. 그래서 당신에 대한 사랑과 애착이 각별하시다. 따라서 당신을 원수에게 빼앗기지 않고 천국의 상속자를 삼으시려고 죄에 대한 회개를 요구하신다. 아무리 많은 죄라도 눈물로 회개하면 모든 죄를 용서해주시고 그 죄의 기록을 없애주신다고 하셨다.

> "내가 너의 죄를, 짙은 구름을 거두듯 없애 버렸으며, 너의 죄를 안개처럼 사라지게 하였으니, 나에게로 돌아오너라. 내가 너를 구원하였다"(사 44:22, 표준새번역).

회개하고 예수를 믿어 성령으로 거듭난 성도라도 거역하고 불순종하면, 하나님은 여러 경로를 통해 마음에 부담과 찔림으로 회개를 요구하신다. 그런데 이를 거부하고 계속 고집을 부리면 그 사람을 병상에 던지기도 하신다계 2:22. 그러므로 믿는 자에게 심각한 질병이 나타나면 단순히 병리학적으로만 볼 것이 아니라 먼저 회개할 죄들을 찾아보는 것이 순서일 것이다.

회개에 임하는 성령의 불세례

자기가 죄인이라는 사실을 심각하게 깨닫고 뉘우치며 통회하는 자에게 하나님은 성령세례로 응답하신다. 초신자 때 성령께서 나에게 회개의 영을 부어주셔서 통회자복하며 눈물로 지새던 지난날들이 새삼스럽게 떠오른다. 그래도 나는 남보다는 양심적으로 살려고 노력했다고 생각했는데 주님을 만나보니 나 같이 악하고 파렴치한 죄인은 세상에 없는 것처럼 느껴졌다. 하나님께서 회개의 영을 감당하기 힘들 정도로 부어주셔서 매일 회개의 도가니에 빠져서 지냈다. 죄와 허물의 기억들이 봇물처럼 터져 나와 그것들을 하나하나 회개하느라고 아무 일도 할 수 없었다. 특히 저녁에는 혼자 무릎을 꿇고 몇 시간씩 눈물로 통회하며 자복하는 시간의 연속이었다.

하나님을 외면하고 살아온 지난날들을 말씀에 비추어 보니 선하고 의로운 것은 하나도 없었다. 그동안 헛되고 무익한 일에 매달려 아까운 시간들을 너무 많이 허비했다는 사실을 비로소 깨달은 것이다. 불신 이방인으로 잘못 살아온 것에 대한 후회의 눈물, 무수히 많은 지난날의 죄들을 하나하나 뉘우치고 고백하면서 부끄러움과 수치감을 떨치지 못해 흐르는 회한의 눈물, 생명의 길을 열어주신 하나님의 은혜에 감격해서 흐르는 감사의 눈물…. 눈물로 통회하며 자복하는 데 몇 날, 며칠로는 부족했다. 심지어는 어릴 적에 옆집 아이를 넘어뜨려 울린 일에 이르기까지 기억이 나는 모든 죄와 허물을 회개했다.

예배 때마다 물에 떨어뜨린 것처럼 손수건을 눈물로 적시는 날들이 계속되었다. 처음 석 달가량은 저녁마다 몇 시간씩 회개를 했고, 삼 년가량은 불의한 행실이 생각날 때마다, 부패한 습관이 나올 때마다 수시로 회개하며 지냈다. 사람이 평생 흘릴 수 있는 눈물의 양은 70리터가량이라고 하는데, 이 무렵 대부분의 눈물을 흘린 것이 아닌가 생각한다.

그런데 어느 날 아침 7시경 맨해튼 사무실로 출근했을 때의 일이다. 일반인들이 출근하는 시간에는 워낙 많은 차량들이 쏟아져 나오기 때문에 나는 남보다 일찍 집에서 출발하여 미드타운 터널을 지나 34가 메이시스Macy's 건너편에 있는 사무실로 출근을 한다.

그날도 일찍 도착하여 어젯밤에 하던 회개를 계속했다. 한참을 기도하는 중에 "이제 그만하면 됐다"라는 짧고 묵직한 음성이 들려왔다. 주님의 음성이었다. 순간 놀라운 일이 벌어졌다. 내 머리에 지각변동이 일어나는 듯하더니 정수리 한가운데가 열린 것 같았다. 그리고 누군가가 뜨거운 기름을 그 속으로 쏟아붓는 것 같기도 하고, 강력한 고압전류를 흘려 넣는 것 같기도 했다. 처음 겪는 영적 체험이 너무나 특별하고 놀라워 머리를 숙인 채 숨죽이고 앉아 있었다. 그 후부터 때로는 강하게, 때로는 좀 약하게 이 같은 현상이 계속된다.

그날 이후부터 특이한 현상이 나타나기 시작했다. 복음을 전하면 듣는 사람이 즉시 감동을 받고 회개하는가 하면, 손을 얹고 기도하면 온갖 질병이 치료되기도 하고, 숨어 있던 귀신들이 고통을 하소연하며 뛰쳐나가기도 하는 등 특이한 일들이 나타나는 것이었다. 강력한 성령의 불세례를 받은 것이다. 그 후부터 늘 전두엽 부분에서 씨즐링하며 흘러내리는 것 같은 기름 부으심의 능력은 예배자들의 영·혼·육에 대한 치료와 거듭남, 그리고 성령세례의 은혜로 나타나고 있다.

예배 전날에는 물론이고, 특별히 산상집회나 여름수양회가 있을 때는 며칠 전부터 기름 부으심이 계속 강화되어 육신적으로 견디기 힘들 때도 있다. D.L. 무디가 뉴욕의 월가를 걷다가 기름 부으심이 어찌나 강했든지 육신적으로 감당할 수 없어 이제 제발 멈추어달라고 하나님께 애원했다는 이야기가 무슨 말인지 이해된다.

그 후 삶에 급격한 변화가 생겼다. 마음 깊은 곳에서 올라오는 기쁨을 주체할 수 없었던 나는 만나는 사람에게 예수님을 전하는 즐거움으로 살았다. 그것만으로는 부족해 주변에 있는 공원이나 이발소, 세탁소나 델리 가게 등을 다니면서 복음을 전하며 지냈다. 마음에 빛이 들어와 눈이 밝아지므로 범사를 보는 시각이 달라졌다. 닫혀 있던 마음눈이 열린 것이다. 세상에 태어나 수많은 사람들과 함께 걸었던 대로大路를 벗어나 비록 좁은 험로險路지만 생명의 길로 들어선 것이다. 재물도, 명예도, 체면도, 자존심도 더 이상 나에게는 소중한 것이 아니었다. 오직 주님만이 나의 전부이며 생명임을 비로소 깨달은 것이다.

제3장

순종으로 돌이키는 것이 회개다

──────── 회개란 불순종에서 순종으로 돌이키는 것이다. 하나님이 요나에게 니느웨로 가서 회개의 복음을 선포하라고 명하셨다. 그들의 죄악이 하나님께 상달되어 이제 40일 후면 나라가 멸망한다는 하나님의 말씀을 전하라는 것이다. 요나는 이사야, 호세아, 아모스 등이 활동했던 BC 8세기경에 살았던 이스라엘인으로 하나님 말씀을 대언하는 선지자였다. 그 당시 니느웨는 앗수르의 수도였고, 앗수르는 끊임없이 이스라엘을 위협하며 괴롭혀 온 나라로 이교의 신들과 우상을 섬겨온 민족이다. 하나님

은 그런 야만족의 죄악을 지적하며 회개를 선포하는 일을 요나에게 맡기신 것이다. 요나는 하나님의 명령이 못마땅했고 마음에 불만이 가득했다.

많은 사람들이 하나님의 말씀이 자기 생각과 다르면 불평하면서 말씀을 배척한다. 티끌만도 못한 인간의 생각이 아무리 옳아도 전능하신 하나님의 생각보다 더 옳겠으며, 사람의 마음이 아무리 선해도 하나님보다 더 선할 수는 없다. 요나는 니느웨의 반대 방향인 다시스로 가는 배를 탔다. 고의적으로 하나님 말씀에 불순종하기로 마음먹은 요나는 배 밑창에 있는 선실로 들어가 깊은 잠에 든다.

불순종에 보내시는 환난

잠시 후 하나님은 그곳 바다에 강한 광풍을 보내셨고, 거칠게 일기 시작한 풍랑으로 배는 곧 뒤집힐 것같이 요동쳤다. 뱃사람들은 배에 실었던 화물들을 바다에 던져 배의 무게를 줄여보았지만, 점점 심해지는 풍랑으로 배는 나뭇잎처럼 출렁거렸다. 그들은 어찌할 바를 모르며 각자 자기들이 믿는 신의 이름을 부르며 도움을 청했지만 소용이 없었다. 뱃사람 하나가 선창으로 들어와 잠자는 요나를 깨우면서 그의 신에게 부르짖어 기도하라고 요구했다. 그리고 뱃사람들은 누구 때문에 이런 재앙이 임했는지를 가려내려고 제비를 뽑았는데 요나가 걸렸다.

그때 비로소 요나가 실토하기를, 사실은 바다와 육지를 지으신 하나님의 명령에 불순종한 죄 때문에 닥쳐온 재앙이니 자기를 바다에 던질 것을 요구했다. 그들은 두려워하면서 요나를 바다에 던졌고, 곧바로 고래가 요나를 삼키면서 바다는 곧 잠잠해졌다. 앞뒤를 분간할 수 없는 깜깜한 고래 뱃속에 들어간 요나, 고래의 위胃에서 나오는 강력한 소화액에 온몸이 오그라드는 급박한 상황 속에서 요나는 회개를 시작한다.

요나의 회개

요나의 기도를 들어보자.

"주께서 나를 깊음 속 바다 가운데 던지셨으므로 큰 물이 나를 둘렀고 주의 파도와 큰 물결이 다 내 위에 넘쳤나이다"(욘 2:3).

요나를 바닷속으로 던진 자들은 배의 선원들이었다. 그런데 요나는 하나님이 자기를 던지셨다고 말한다. 왜 요나는 그렇게 생각하고 말했을까? 선원들이 누구 때문에 이런 재앙이 임했는지를 가리려고 제비를 뽑았을 때 바로 요나가 걸리지 않았는가? 하나님이 그렇게 하셨다고 요나는 믿었으며, 실제로 하나님은 사람들이 행하는 유치한 방법도 필요에 따라 사용하셔서 하나님의 뜻을 이루시는 분이다.

또한 자녀들의 불순종으로 말미암아 생기는 모든 일은 하나님께서 허락하시기 때문에 일어난다는 사실을 알아야 한다. 욥이 겪은 환난은 사탄이 가져온 것이었지만, 하나님께서 허락하셨기 때문에 일어난 일이다. 불순종한 사울 왕을 악령이 사로잡아 괴롭힌 일도 하나님의 허락으로 일어난 일이었다.

그뿐만 아니라 마태복음 9장에서 주님은 중풍 병자를 치료하시면서 그 병의 원인은 그의 죄 때문이라고 하셨다. 요한복음 5장에서는 베데스다 연못가에서 38년 된 병자를 치료하시면서 역시 그의 죄 때문에 그 병이 생겼다고 말씀하셨다. 그러니까 하나님은 죄에 대한 보응으로 자연재해도 사용하시고, 귀신들도 사용하시며, 질병이나 죽음까지도 사용하신다는 사실을 알 수 있다.

불순종한 요나를 회개시키시기 위해 풍랑을 보내시고, 그를 바다에 던지게 하시며, 준비하신 큰 물고기로 하여금 그를 삼키게 하신 분도 하나님이셨다. 요나는 이 사실을 알고 있었다. 주를 믿는다고 하면서도 눈에 보이는 현상만 믿고, 눈에 안 보이는 것은 믿지 않는 맹인 그리스도인들이 너무나 많은 시대다. 눈에 보이는 현상들을 자연의 원리나, 우연히 발생하는 일 정도로밖에 알지 못하는 사람들이 너무나 많다는 말이다. 눈에 보이는 현상은 눈에 보이지 않는 원인에 의해 나타나는 결과물이다.

극심한 고난 가운데서 비로소 요나는 하나님의 은혜를 갈망하는 자가 되었다.

> "내가 산의 뿌리까지 내려갔사오며 땅이 그 빗장으로 나를 오래도록 막았사오나 나의 하나님 여호와여 주께서 내 생명을 구덩이에서 건지셨나이다"(욘 2:6).

산의 뿌리라든가 땅의 빗장 등의 표현은 그가 죽음의 밑바닥까지 내려갔음을 의미한다. 거대한 고래 뱃속에 들어가서 소화되고 있는 사람의 처지가 바로 음부의 밑바닥이 아니고 무엇이겠는가? 이보다 더 절망적인 경우가 또 어디 있을까? 그러나 그는 고래의 소화액을 마시면서 언제 숨이 멎을지 모르는 절박한 상황에서 계속 기도하며 회개했다. 요나가 회개를 끝낸 후 하나님의 명을 받은 고래는 요나를 육지에 토해냈다. 그를 죽음에서 구해낸 것은 회개였다.

요나가 고래 뱃속에서 3일을 머문 것은 만민을 구원하기 위해 대속의 죽음으로 3일 동안 무덤에 머무셨던 예수 그리스도의 모형이요 그림자였지만, 실제로 있었던 사건이다. 회개는 그를 죽음에서 건져냈고, 하나님과 관계를 회복하는 결정적인 역할을 했다. 회개란 이렇게 자기의 죄를 뉘우치고 고백하며 하나님께 용서를 구하는 것이다. 그리고 불순종에서 순종으로 돌이키는 것이다.

그 길로 요나는 니느웨로 달려가서 멸망을 선포했고, 그의 말을 들은 주민들은 왕이나 천민을 가리지 않고 모두가 금식하며 회개하므로 멸망을 피할 수 있었다. 요나를 살린 것도 회개였고, 수많은 니느웨 주민을 살린 것도 회개였다.

신화가 아닌 실제 이야기

사람들은 요나 이야기를 사람이 꾸며낸 신화神話정도로 생각한다. 어떻게 사람이 고래 뱃속에서 사흘 동안이나 죽지 않고 살아남을 수가 있으며, 고래가 삼킨 사람을 해변에 토해낼 수 있는지를 믿으려 하지 않는다. 그러나 이것은 실화다. 진리의 성경에 기록되어 있기 때문이다.

1891년 2월 남아메리카 해안의 포클랜드 제도 부근에서 '동방의 별'the Star of the East이라는 고래잡이 포경선의 선원이었던 '제임스 바트리'James Bartley, 1870~1909라는 사람이 바다에 빠져 실종되었다. 그런데 그 배의 선원들이 향유고래 한 마리를 작살로 잡아 끌어올렸는데 선원들은 그 고래의 뱃속에서 무언가 움직이고 있는 것을 발견했고, 그들은 그 고래의 배를 해부했다. 그런데 놀라운 사실은 고래의 뱃속에서 실종된 제임스 바트리가 산 채로 들어 있는 것이었다. 당시 그는 고래의 소화액에 의해 피부가 하얗게 표백된 상태였고, 중태였지만 생명에는 지장이 없었다.

그 후 그는 고향인 영국의 글루스턴으로 돌아가 구두장이로 남은 생을 살았다. 선원들과 선장, 그리고 의사는 그가 고래 뱃속에서 18시간 동안 있었다는 기록 문서에 서명을 했고, 그 문서는 지금까지 영국의 해군본부에 보관되어 있다. 그가 묻힌 묘지에는 "제임스 바트리, 현대판 요나"라는 글자가 묘비에 새겨져 있다.

최근에도 매스컴에서 화제가 된 비슷한 사건이 있었다. 2019년 2월 남아프리카공화국에 있는 관광회사의 수중촬영 잠수부 레이너 쉼프Rainer Schimpf, 1968-가 그 주인공이다. 레이너는 정어리 떼를 촬영하기 위해 동료들과 바다를 찾았다. 케이프타운 동쪽에 위치한 포트 엘리자베스 항구를 통해 바다로 들어간 레이너는 촬영 도중 갑자기 큰 압박감을 느끼면서 상상할 수 없는 사건을 경험했다. 그가 인터뷰에서 한 말이다. "해수면이 요동을 치더니 엉덩이에 압박감이 느껴졌고 곧 사방이 어두컴컴해졌습니다." 그는 그 순간 바다 한가운데서 솟구쳐 오른 거대한 고래 입속으로 빨려 들어간 것이다.

당시 현장에서 정어리 떼를 쫓던 팀원들은 해당 장면을 목격하고 공포에 질리고 말았는데, 팀원 중 한 명이었던 하인즈 토퍼저는 그 당시의 심경을 이렇게 말했다.

"주변의 바닷물이 심하게 뒤틀리더니 곧 고래 한 마리가 나타나 레이너를 집어삼켰고, 이를 목격한 우리 모두는 겁에 질려 몸이 굳어버리고 말았습니다."

레이너를 집어삼킨 고래를 '브라이드 고래'라고 부르는데 수염고래baleen whale과로 길이가 최대 17m나 되며 몸무게가 무려 40톤까지 자라는 거대한 고래라고 한다. 대서양과 인도양, 태평양을 포함해 따뜻한 바다에서 서식하는 이 고래는 다양한 물고기를 먹고 살지만 사람은 먹지 않는 것으로 알려져 있다.

레이너는 고래 뱃속으로 빨려 들어가는 순간 본능적으로 숨을 참아야겠다고 생각했고, 곧 빠져나갈 길이 열릴 것이라는 걸 직감했다고 한다. 그의 예상대로 고래는 얼마 후 분기공에서 물을 뿜어냈고 그는 바닷물에 휩쓸려 기적적으로 빠져나올 수 있었다. 요나 이야기는 신화가 아닌 실화임에 의문을 가질 필요는 없다.

주님의 뜻에 따라 일하라

만일 요나가 회개하지 않았다면 어찌 되었을까? 그대로 생을 마감했을 것이다. 인간은 죽음 너머에 대한 지식이 부족하기 때문에 죽음을 두려워하지만, 죽음이란 소멸이 아니라 새로운 삶의 시작임을 성경은 가르친다. 마치 서울에서 비행기를 타고 뉴욕으로 가는 것처럼 죽음이란 삶의 장소를 옮기는 것이라는 의미다.

세 번째 하늘에 있는 낙원을 경험한 사도 바울은 세상을 떠나 그곳에 가는 것이 훨씬 더 좋은 일이라고 말했고 빌 1:23, 죽음을 경험한 성도들은 이구동성으로 죽음 너머에 있는 다른 세계 낙원을 예찬한다.

사람들은 눈앞의 현실에 매이고 흐르는 시간에 실려 극히 제한적인 지식에 의지하며 살아가는 존재다. 그러나 하나님은 보이는 세계와 보이지 않는 세계를 창조하시고 그 안에서 살아가는 모든 존재의 운명을 주관하고 섭리하신다. 그러므로 인간이 하나님의 무한하신 뜻과 섭리를 함부로 판단하는 것은 우매하기 짝이 없는 일이다.

그리스도 밖에서의 죽음이란 슬픈 일이요 천지개벽과 같이 큰일이지만, 그리스도 안에서의 죽음은 잠시의 이별이 애석할 뿐 사실은 복 중의 복인 것이다.

그럼에도 불구하고 생각할수록 안타까운 일이 있었다. 환경이 열악하기 이를 데 없는 중남미의 섬나라 도미니카에서 자비량으로 사역하다가 갑자기 주님께 부름받으신 선교사님의 경우다. 그는 인정 많고 너그러운 성품에 온 세계를 누비며 자원 개발에 젊음을 쏟았던 다양한 인생 경험과 폭넓은 지식을 소유한 분이었다. 늦은 나이에 선교사로 자원하여 그만의 특유한 열정과 의욕으로 선교지를 개척하여 헌신적으로 사역을 했다. 그리고 주님도 그에게 기름을 부으셔서 온갖 병자들을 치료하게 하시고, 오병이어의 기적도 베풀어 주시는 등 그를 능력의 종으로 사용하셨다.

아는 사람이 하나도 없는 이방 나라에서 복음을 위해 애쓰는 그의 수고에 힘을 보태기 위해 나는 매년 그를 방문하는 일을 연중행사의 하나로 삼았다. 현지의 목회자들을 모아놓고 세미나를 함께 하기도 했고, 사탕수수밭에서 일하는 아이티 노동자들에게 복음을 전하기도 했으며, 그가 운영하는 신학교에서 강의를 하기도 했다.

그렇게 신실하게 맡은 사명을 감당하면서 그의 선교사역은 나날이 확장되며 현지 목회자들로부터도 두터운 신망을 얻었다. 선교를 시작한 지 6-7년이 지났다. 그런데 해가 바뀌어 다시 도미니카에 갔을 때 이상한 변화가 있었다. 돌연 그가 선교의 일을 중단하고 사업을 시작했다는 것이다. 자비량 선교에 한계가 보여 선교 비용을 마련하기 위해 폐유나 폐타이어를 원자재로 사용하여 기름을 뽑아내는 생산 공장을 시작한 것이다. 임야를 매입하여 공장을 차리고 중국에서 들여온 기계로 시험생산을 하여 전시해놓은 기름의 샘플들을 보는 순간 나는 그가 잘못된 길로 들어섰다는 것을 느낄 수 있었다. 원자재 매입과 생산, 판매와 수금 등 모든 일을 현지인들에게 맡겨야 하는데, 그동안 선교사님이 겪어온 현지인들의 행동을 보면, 이것은 보통 심각한 문제가 아니었다.

새로운 사업에 대한 기대와 소망으로 부풀어 있는 선교사님에게 내가 작심하고 입을 열었다.

"속히 손을 떼셔야 합니다. 주님이 허락하신 일이 아닙니다. 이런 나라에서는 상품을 공급해도 대금지불이 제대로 될 리 없으며, 원자재 수집에 차질이 생기든지, 국제 유가油價에 변동이라도 오면 견딜 재간이 없을 것입니다. 한창 젊은 30-40대라면 실수하고 넘어져도 다시 일어설 수 있는 시간이나 에너지가 있지만, 70대로 접어든 나이에, 그것도 남의 나라에서, 새로운 개발품을 만드는 생산 공장을 시작한다는 것은 너무 위험한 일입니다. 주님의 뜻을 구하지 않은 것을 회개하시고 도움을 청하십시오. 그리고 투자금의 절반밖에 못 받아도 현지인에게 넘기는 것이 상책입니다."

그러나 새로운 사업에 대한 장밋빛 전망에 부풀어 있는 그의 귀에 나의 고언이 들어갈 리 없었다.

다시 도미니카를 방문했을 때 그의 공장은 생산이 중단되어 있었고, 옆에는 각종 플라스틱 제품과 폐타이어 등 원자재들만 수북이 쌓여있었다. 국제 유가가 폭락한 관계로 생산을 하면 할수록 적자만 쌓여 모든 일을 중단했다는 것이다. 제품 실험에서 기계 설비를 갖추고 그 일에 매달린 지 어언 4년여가 흘렀는데 종업원들이 여전히 말썽을 부리고, 판매 대금은 받기 힘들고, 받아도 부도나기 일쑤이며, 여기저기에서 돈을 달라고 아우성인데 들어오는 수입은 없고…깊은 수렁에 빠져 있는 현실은 말이 아니었다.

밀린 원자재 대금에 인건비 등 각종 비용을 마련하러 부인 선교사님은 한국에 갔다고 했다. 할 말이 없었다. 예상했던 일들이 너무 빨리 왔다는 생각 이외는 달리 하고 싶은 말도 없었다. 사람의 생각과 목적이 아무리 좋아도 주님의 뜻이 아니면 이루어지지 않는다.

다음 해 여름 어느 날, 선교사님으로부터 전화를 받았

다. 담석을 제거하기 위해 병원에 입원했는데 몸의 부기가 빠지지 않아 퇴원을 못하고 있다는 말과 함께 중남미 은행에서 차관을 얻기 위해 3일 후에 미팅이 잡혀 있다고 한다. 그러니까 하루 이틀이면 담석을 제거하고 퇴원할 생각으로 입원을 했던 것이다.

중남미의 조그만 섬나라 도미니카는 이렇다 할 산업시설이 없기 때문에 생필품의 대부분을 수입에 의존하고 있으며, 유럽이나 미국의 자본이 들어와 천혜의 조건을 가지고 있는 해변을 개발하여 관광업이 발달해 있다. 그러나 다른 분야는 일반 개발도상국보다도 낙후되어 있으며 의료체계와 병원 시설도 열악하기는 마찬가지다.

그런 나라에서 선교사님이 병원에 입원했다는 소식을 들었을 때 나의 마음은 왠지 모르게 불안했다. 그래서 그런 나라에서 입원해야 할 만큼 다급했는지를 질문했더니 미국에 있는 한 의료인과 상담을 했는데 담석 제거는 간단한 수술이니 염려하지 말라고 했다는 것이다. 나는 기도하겠다고 하고 전화를 끊었다.

몇 시간 후에 부인 선교사님으로부터 충격적인 연락을 받게 되었다. 선교사님이 갑자기 운명하셨다는 것이다. 어이가 없고 황망해서 할 말을 잃었다.

"세상에 어떻게 이런 일이 있을 수 있단 말인가…어찌 이런 참담한 일이…."

서로 신뢰하며 속마음을 나누며 십수 년 동안 교제하며 가까이했던 믿음의 동료요, 사랑하는 친구를 잃은 슬픔이 무겁게 내 마음을 채워온다. 남편 한 사람만 믿고 멀리 섬나라에서 고생고생하며 이방 선교를 뒷바라지해온 부인 선교사님이 받은 충격은 어찌 표현할 수 있으랴. 하루에도 여러 번 전화로, 메시지로 연락을 하며 받은 충격을 가라앉히려 애썼지만, 위로가 될 리 없었을 것이다.

하나님은 선하시다

며칠 후 기도 가운데서 하나님께 질문을 했다.

"어찌하여 복음을 위해 애쓰고 수고하며 헌신한 주님의 종을 그리 허망하게 데려가셨습니까? 벌여놓은 일들을 정리할 시간은 주셔야 하지 않았습니까? 아무리 나그네 인생이라지만 어찌 그리 한순간에 불러 가신단 말입니까? 너무 허망합니다."

한참 후에 주님께서 대답하셨다.

"맡은 일을 성실히 하지 않았기 때문이다."

 선교의 일을 중단하고 돈 버는 일에 뛰어들어 세상에 시간과 마음을 빼앗긴 것을 지적하신 것이다. 주님은 처음 얼마 동안 열심히 일하는 종들을 원하시는 것이 아니라 주님 앞에서 결산할 때까지 충성스럽게 일하는 종들을 원하신다. 주님이 맡기신 선교 사역에만 묵묵히 집중했었다면 사역에 필요한 재정은 주님의 방법으로 채워주셨을 텐데…. 그리고 그가 소유한 능력과 열정으로 더 큰 일을 이룰 수 있었을 텐데….

 누구도 그 길을 피할 수는 없지만, 너무 아깝고 안타까운 일이 아닐 수 없다. 수년 동안 자비량 선교를 하다 보니 선교 비용을 스스로 조달해야 한다는 강박관념이 그를 세속의 영역으로 밀어낸 것이다. 벌써 4년여의 시간이 흘렀고, 원수가 파놓은 함정에서 빠져나오려면 앞으로도 몇 년의 시간이 더 걸릴지 알 수 없는 상황이 된 것이다.

 하나님은 선하시다. 그리고 그의 종들을 특별히 사랑하신다. 선교사님의 고난을 줄여주시기 위해, 그동안 복음을 위해 헌신과 희생으로 쌓아놓은 그의 공로와 상급이 악한 자들에 의해 모두 무너지기 전에 부르신 것이리라. "의인들은 악한 자들 앞에서 불리어 가도다"라고 언급한 이사야의 말처럼 말이다사 57:1.

그렇지만 남겨진 부인 선교사님에게는 청천벽력과 같은 악몽이 아닐 수 없는 일이다. 그러나 그녀를 단련시켜 구원의 반석 위에 서게 하시려는 또 다른 뜻이 숨어 있는 줄 믿는다. 하나님은 실수가 없는 분이시기 때문이다. 그를 잃은 허탈감이 오래갔지만, 하늘 본향에서 다시 만날 기회가 있다는 것으로 위로를 삼았다.

주님은 택한 자들을 부르셔서 그들을 사용하여 주님의 뜻을 이루신다. 원수 사탄 역시 사람들을 사용하여 종들과 그들의 가족을 괴롭히며 맡은 사역을 집요하게 방해한다. 그러므로 영적 전쟁의 최전선에 서 있는 종들은 작은 일도 기도하며 성령님의 인도를 받아야 하고, 주님의 허락이 없이는 어떤 일도 도모하지 말아야 한다.

회개는 사람을 거룩하게 만든다

글자로 기록된 성문법이 아니더라도 인간이 모인 공동체에는 반드시 법과 규칙이 있게 마련이다. 가정에도, 회사에도, 학교에도 법과 규칙이 있다. 국가에도 법이 있어서 그것을 어기면 죄가 되고, 죄에는 벌이 따라오므로 치안과 질서가 유지되는 것이다. 그러면 온 우주를 다스리시는 하나님은 법도 없이 주먹구구식으로 통치하실까? 당연히 아니다.

하나님은 첫 사람 아담에게 한 가지 법을 주셨는데 그것이 바로 '선악과 금지법'이었다. 그런데 아담 부부는 그것을 범하고 말았다. 이것이 바로 원죄다. 그리고 하나님은 택하신 백성들에게는 10계명을 비롯한 613가지의 성문법을 주셨고, 인간의 마음속에 양심이라는 법을 넣어주셨다 롬 2:14. 10계명을 범하지 않은 사람이 없고, 양심을 거스르지 않은 사람은 한 명도 없기 때문에 세상에 의인이 한 명도 없다고 말한 것이다 롬 3:10.

그래서 하나님의 아들이 인간으로 오셔야 했고, 만민이 저지른 죗값을 대신 치르기 위해 자기 목숨을 대속물로 내어주신 것이다. 예수님의 피의 능력은 온 인류의 죄를 덮고도 남음이 있기 때문에 누구든지 회개하고 주 예수를 믿으면 죄 사함을 얻고 구원받는다.

하나님은 거룩하신 분이다. 그러므로 자녀들도 거룩할 것을 요구하신다 레 11:45. 당신이 은혜 받은 그리스도인을 자처하면서 여전히 거짓되고 교만하며, 탐욕스럽고 이기적이며, 비난과 험담을 좋아하는 등 불의한 행동을 일삼는다면, 그래서 사람들이 당신에게서 불신자와 구별된 모습을 발견할 수 없다면 사람들은 십자가의 복음을 웃기는 동화 정도로 취급할 것이다. 그리고 교회를 위선자들이 모인 저급한 집단으로 인식할 것이다.

부모는 자식을 사랑하기 때문에 자식들이 버릇없이 굴며 못된 친구들과 어울려 다니면 못 본 척하지 않는다. 하나님 역시 자녀들을 사랑하시기 때문에 자녀들이 죄를 범하면 내버려 두지 아니하시고 반드시 징계하신다.

십자가에 못 박히신 예수님을 보라. 우리를 구원하시기 위해 아들까지 희생시킨 하나님의 놀라운 사랑과, 아들이라도 죄에 대해서는 심판하시는 하나님의 공의를 함께 볼 수 있지 않은가?

교회 분리와 교회 개척은 다르다

몇 개월 동안 다니던 교회에서 분규가 일어났다. 충성스럽게 봉사하던 권사님이 중심이 되어 담임 목사님을 대적하면서 벌어진 일이다. 그들 중 40대 중반쯤 되는 남자 집사가 예배 장소를 찾아 임대 계약을 하고, 건축업자를 동원하여 강단을 만들고 의자를 구입한 후 십자가와 교회 간판을 달았다. 그는 그런 식으로 교회 개척을 세 번이나 했다고 말하면서 자기는 교회 개척의 은사가 있는 것 같다고 자랑삼아 말했다. 그리고 그들은 다니던 교회에서 부교역자로 일하던 여성 목회자를 미가의 제사장처럼 담임으로 세워 교회 개척을 했다. 엄밀히 말해 교회 개척이 아니라 교회 분리 작업을 한 것이다.

많은 교회에서 주도권 다툼, 혹은 교회에 불만을 품은 직분자들의 선동으로 교인들을 데리고 나와 가까운 지역에 교회를 세우고 서로 비난하며 등을 돌린다. 이는 성령께서 하나 되게 하신 것을 힘써 갈라놓고, 화평의 공동체인 주님의 몸을 찢고 부수는 일이다. 주님을 믿는 사람들 가운데 둘 이상이 모여 예배를 드리면 교회라 할 수 있지만, 교회 개척의 원인과 동기는 중요하다. 교회를 세우는 의도와 목적이 주님의 뜻과 무관하다면 그 공동체는 사탄의 회중이 될 수도 있기 때문이다계 2:9.

나는 그 당시 사역을 준비하던 중이었는데 함께 일하자는 제의를 받았다. 그러나 선뜻 대답하지 않은 이유는 나를 부르신 주님의 뜻을 아는 일이 먼저였기 때문이다. 한참을 기도하는 중에 성령님께서 환상 한 장면으로 응답하셨다. 시꺼먼 야생 개 한 마리가 나타났는데 자세히 보니 양쪽 머리에 뿔이 나 있었다. 성경에서 말하는 개는 지금 우리가 흔히 보는 애완견이 아니라 늑대처럼 사나운 야생 개를 의미한다. 상대를 거칠게 물어뜯고 공격하여 피를 보고 끝장을 보는 성질을 가진 동물이다. 그들이 만든 교회에 주님이 주인으로 계신 것이 아니라 물어뜯고 대적하는 영들이 역사하고 있었던 것이다. 나는 그들의 제의를 거절했다.

그 권사님 부부는 자신들이 만든 교회에 많은 애착을 가지고 있었다. 그들은 자신들이 교회를 개척했다는 자부심이 대단했고, 주님은 교회를 세운 자기 가족을 특별히 사랑하고 계실 것이라고 생각했다. 매일 새벽기도를 다니면서 예배실을 쓸고 닦는 즐거움으로 지냈다. 그런데 그 후 남편에게서 암이 발견되었고, 자녀들에게는 사고와 막힘과 곤고함이 끊이지 않는 것이었다. 몇 년이 지난 후, 내게 만나자는 연락이 왔고, 그들은 사정을 이야기하면서 기도 부탁을 했다. 기도 가운데 주님은 그들이 그동안 주님의 종들 세 명을 괴롭히며 대적한 죄를 지적하셨고, 나는 이 사실을 전했다.

그런 적이 없다고 잡아떼던 권사님이 눈물을 흘리면서 한참을 흐느껴 우는 것이었다. "사실은 한국에서 교회를 다닐 때 물질의 문제로 섬기던 담임 목사님의 가슴을 아프게 하고 이민을 왔습니다. 그리고 뉴욕에 와서 섬기던 목사님을 등지고 나온 것도 듣고 보니 제가 너무 잘못했네요. 저는 어떻게 해도 교회를 개척하면 하나님이 기뻐하시는 줄 알았습니다. 그런데 또 다른 한 분은 생각이 나지 않습니다."

내가 말을 받았다. "지금 섬기는 목사님을 피고용인처럼 취급하고 있지 않습니까? 권사님이 오라면 오고, 가라면 가는 그런 대상으로 여기니, 그분의 마음에 상처가 얼마나 많을지 한번 생각해보십시오."

잠시 침묵하던 권사님이 무겁게 입을 열었다. "목사님 말씀을 듣고 보니 그렇군요. 그러면 어떻게 해야 하나요?" "금식하시면서 먼저 하나님께 통회자복하며 회개하셔야 합니다. 그리고 가슴을 아프게 한 목사님들을 일일이 찾아가셔서 무릎을 꿇고 진심으로 사과하시고, 용서를 받으시는 게 좋겠습니다. 그렇지 않으면 징계는 풀리지 않을 것입니다. 그래도 하나님께서 이런 기회를 주시는 것이 감사한 일 아닙니까?" "그럼요, 깨닫고 보니 하나님의 배려와 사랑에 감사하기 이를 데 없습니다."

그들은 즉시 교회당으로 가서 금식하며 회개를 시작했다. 그 일이 있은 후에 들려온 이야기는, 교회는 분쟁으로 말미암아 풍비박산이 되어 문을 닫았다고 한다. 선한 의도와 목적으로 이 땅에 그리스도의 교회를 세우는 일은 너무 값지고 귀한 일이다. 그러나 주님의 몸인 교회를 깨고 부수어 몸의 일부를 떼어다가 교회 간판을 붙이는 교회 분리 작업은 경우가 다르다. 그것은 의도도, 방법도 모두 틀린 것이다. 주님의 뜻을 따라 주님을 머리로 삼아 교회가 세워져야 하나님께서 영광을 받으신다.

제4장

불의한 행실을 버리는 것이 회개다

―――――――― 불의를 떠나 의로운 행실로 돌이키는 것이 회개다. 세례 요한은 회개하지 아니하면 높아진 마음이 낮아질 수 없고, 굽어진 마음이 곧아질 수 없으며, 교만한 마음이 겸손해질 수 없는데, 그런 자는 하나님 나라에 들어올 수 없다고 역설한다.

> "모든 골짜기가 메워지고 모든 산과 작은 산이 낮아지고 굽은 것이 곧아지고 험한 길이 평탄하여질 것이요 모든 육체가 하나님의 구원하심을 보리라"(눅 3:5-6).

무슨 뜻인가? 높고 낮은 산은 교만한 마음들을 말하고, 험하고 굽어진 길이란 역시 죄로 인해 굽어지고 비뚤어진 마음을 의미한다. 회개로 이런 높고 교만한 마음들이 낮아지고, 완악하여 굽어진 마음들이 바르게 고쳐질 때 구원의 은총을 받을 수 있다는 의미다.

사람들은 세례 요한이 이방인들을 향해서 회개의 복음을 전한 것으로 생각한다. 그러나 요한은 하나님의 택한 자들을 위해서 보내심을 받은 자였다. 그가 태어나기 전에 가브리엘 천사가 전한 말이다.

> "그가…모태로부터 성령의 충만함을 받아 이스라엘 자손을 주 곧 그들의 하나님께로 많이 돌아오게 하겠음이라"(눅 1:15-16).

그는 하나님이 택하신 백성들, 그러니까 하나님에 대한 신앙의 울타리 안에 있는 자들에게 회개를 전파하도록 보내심을 받은 사람이었다. 그들 중에는 회당예배에 정기적으로 참석하면서 기도를 하고, 말씀 강론을 열심히 듣고, 십일조와 헌금을 정성껏 드리며, 구제활동에 참여한 사람들도 있을 것이다. 반면에 회개하지 않고 여전히 불의한 행동을 하는 사람도 있을 것이며, 시험에 들어 회당예배를 포기한 사람도 있었을 것이다. 그러나 그들은 스스로를 하나님이 택하신 아브라함의 자손이며 구원 백성이라고 생각했다. 그런 사람들을 향해 요한은 그들 속에 들어 있는 거짓과 기만을 지적하며 외식과 편견을 드러냈다.

요한의 메시지는 지금의 그리스도인들에게도 해당된다. 그리스도인이라고 자처하는 사람들 가운데는 모태신앙을 자랑하는 사람도 있고, 정규적으로 예배에 참석하면서 열심히 헌금을 드리고 구제활동을 하는 사람도 있으며, 시험에 들어 믿음에서 떠난 사람도 있고, 교회와 지도자들을 비난하며 교회를 갈라놓는 일에 앞장서는 사람도 있다. 그런데 그들 모두는 자기는 주 예수를 믿기 때문에 자기의 구원은 영원하다고 착각하며 거짓된 구원의 평안 속에 안주한다.

그러나 잘 알아야 한다. 예수님 당시에 신앙생활을 열심히 했던 바리새인과 서기관들의 결말이 어찌 되었는지를….

위로가 아니라 말씀 들으러 오라

많은 사람들이 회개도 없고, 죄 사함도 없고, 구원도 받지 못한 상태로 습관적인 종교 생활을 한다. 또한 많은 사람들이 등 떠밀려 교회를 나와서 엉뚱한 목적이 이루어지지 않는다고 하나님을 원망하며 교회를 떠난다. 그러므로 복음을 전하는 사람들은 죄인들이 처한 현재의 처지가 얼마나 비참한지를 가감 없이 전해주어야 한다. 그래서 그들이 회개하고 주 예수께 나와 죄의 속박에서 벗어나도록 해야 한다. 이를 외면하고 달콤한 위로와 재물, 치료 등의 선물에만 중점을 두어 교인들을 끌어 모으는 일은 이제 그만해야 한다.

한 사람의 얼굴이 생각난다. 주일 예배 후 친교 시간에 교회에 새로 나온 70대 중반의 집사님과 점심을 함께 하며 교제를 했다. 그분은 대뜸 "목사님, 고달픈 이민생활을 하면서 위로를 받으러 교회를 나오는데 왜 무거운 설교로 부담을 주십니까? …위로 설교를 하셔야 교회가 부흥합니다"라고 했다. 연로하신 분의 조언으로 듣고 "참고하겠다"라고 대답했다. 그런데 다음 주일에도, 또 다음 주일에도 같은 말을 되풀이하기에 이렇게 대답을 했다.

"집사님, '이민생활이 얼마나 고달프십니까? 하나님께서 여러분을 사랑하시니 힘을 내십시오'라는 식의 위로는 한두 번이면 족하지 매번 할 수는 없습니다. 위로 받으러 교회 나오지 마시고 하나님 말씀을 들으러 나오셔야 합니다. 가감 없이 말씀을 전해주면 듣는 자가 믿음을 얻고, 의를 얻어 구원받습니다. 그리고 하나님 말씀 안에는 생명의 능력, 치유의 능력이 들어 있을 뿐 아니라 위로의 요소도 들어 있습니다. 그래서 교회는 반드시 말씀 설교를 해야 합니다."

그는 20년이 넘는 동안 교회에서 듣기 좋은 말만 들으며, 육적 설교에 젖어 있었기 때문에 복음 설교에 마음이 불편했던 것이다. 몇 주 후부터 그들 부부의 얼굴은 보이지 않았다.

많은 설교자들은 사람들의 기분이 상할까 봐 회개가 빠진 설교로 회중의 마음을 편하게 해준다. 그러므로 죄가 살아서 활개를 치며 교회 문제, 가정 문제, 사회 문제를 일으킨다. 물론 죄를 지적하고, 회개를 촉구하며, 말씀에 순종하라고 설교하면 사람들은 듣기 싫어한다. 그러나 설교자는 하나님 말씀을 그대로 전해주어야 한다.

'간하배'라는 한국 이름으로 알려진 하비 콘Harvie M. Conn, 1933-1999 선교사님이 한국에서 사역할 때 창녀들에게 전도한 일화는 우리에게 잔잔한 감동을 준다. 두 가지 방법으로 길거리 여인들을 전도했는데 그 결과는 전혀 달랐다. 돈으로 열악한 환경에서 그들을 구해주고 전도했을 때는 대부분의 여인들이 도로 과거의 생활로 돌아갔다.

그러나 낮에 별로 할 일이 없는 창녀들을 모아 성경공부를 했을 때는 대부분 변화가 있었다. 말씀이 들어가니 십중팔구는 스스로 죄의 소굴에서 빠져나와 남의 집 가정부로 들어가거나, 공장에 취직을 하거나, 아니면 길거리에서 장사를 하면서 어려운 사람을 돕더라는 것이다. 환경의 변화로 겉모습이 변화된 것과 말씀을 듣고 회개를 해서 속마음이 변화된 것과의 차이라 할 수 있다.

아무리 모태신앙을 들먹이며 2대, 3대를 믿는 집안 출신이라고 자랑을 해도 주님을 만나 속마음이 변화되지 않았다면 그 사람은 하나의 종교인일 뿐 구원받은 성도가 아닐 것이다.

불의한 자는 그 나라에 들어갈 수 없다

평생 주님을 사랑한다고 생각하며 살아왔는데 주님으로부터 "나는 너를 모른다"라는 말씀을 듣는다면 그 참담함을 어찌 감당하겠는가? 주님께 거절당할 불의한 행동에는 어떤 것들이 있는지를 알아보자.

> "불의한 사람들은 하나님 나라를 상속받지 못하리라는 것을 알지 못합니까? 착각하지 마십시오. 음행을 하는 사람들이나, 우상을 숭배하는 사람들이나, 간음을 하는 사람들이나, 여성 노릇을 하는 사람들이나, 동성애를 하는 사람들이나, 도둑질하는 사람들이나, 탐욕을 부리는 사람들이나, 술 취하는 사람들이나, 남을 중상하는 사람들이나, 남의 것을 약탈하는 사람들은, 하나님 나라를 상속받지 못할 것입니다"(고전 6:9-10, 표준새번역).

오랫동안 교회에서 봉사를 열심히 했어도 간음과 동성애, 탐욕과 술 취함 등으로 불의하게 사는 자들은 하늘나라에 못 들어간다.

갈라디아서 5장에서도 육에 속한 자와 영에 속한 자의

행실을 대조하면서 육에 속한 자는 하나님 나라에 들어갈 수 없다고 말한다. 육에 속한 자의 불의한 행실들을 살펴보자.

> "육체의 일은 분명하니 곧 음행과 더러운 것과 호색과 우상 숭배와 주술과 원수 맺는 것과 분쟁과 시기와 분냄과 당 짓는 것과 분열함과 이단과 투기와 술 취함과 방탕함과 또 그와 같은 것들이라…이런 일을 하는 자들은 하나님의 나라를 유업으로 받지 못할 것이요"(갈 5:19-21).

육에 속한 자에게 나타나는 15가지 불의한 행실 가운데는 음행, 호색 등 성적인 타락과 시기, 질투, 다툼, 분열 등 인간관계를 파괴하는 행동과 술 취함과 방탕으로 자기 몸을 더럽히고 이성을 마비시키는 행위 등이 있다. 이런 불의한 행위를 하는 자들은 그들의 마음속에 참된 믿음이 없다는 것을 행동으로 입증하는 것이며, 결국 하나님 나라 밖으로 쫓겨난다.

간음죄와 살인죄의 형벌은 동일하다

영적으로 깨어 있는 사람들은 지금 시대가 소돔과 고모라 시대와 다르지 않다고 말들을 한다. 특히 성도덕의 타락이 교회에까지 들어와 기승을 부리고 있는 것을 보면 마지막 날이 가깝다는 것을 느낄 수 있다.

요즘 교회의 집사나 권사들이 자식들에게 스스럼없이 혼전동거를 권하는 풍조가 만연되어 있다. 그것은 믿는 자들이 해서는 안 되는 수치스런 짓이며, 하나님께서 금하시는 범죄 행위다. 이혼을 방지하기 위한 하나의 고육책이라고 하지만, 이혼의 후유증으로 받아야 하는 괴로움보다 죄의 대가로 오는 고통이 훨씬 크다는 것을 알아야 한다.

결혼하지 않고 동거하는 30대 자매가 있었다. 그러나 이런 커플은 정체성과 책임의식이 약하기 때문에 작은 바람만 불어와도 쉽게 흔들린다. 자매는 예배 때마다 자주 눈물을 보이며 은혜를 받는 것처럼 보였지만 사실은 심각한 가정 문제로 고통을 받고 있었다.

나는 자매에게 광야생활을 통해 인격의 성숙과 믿음의 성장을 이루는 기회로 삼도록 기도하며 주님을 가까이 하도록 조언했다. 가끔 집으로 초대하여 함께 식사를 하면서 후회하지 않을 미래를 위해 참고 기다릴 것을 권면하며 관심과 배려를 아끼지 않았다. 그러나 그들은 관계 회복을 하지 못하고 결국 갈라서고 말았다.

 그 후 어느 날, 그 자매가 교회의 다른 형제와 함께 찾아왔다. 머뭇거리면서 말하기를 서로 좋아하게 되어 교제를 시작했다고 한다. 그동안 그들에 대한 소문이 사실이 아닐 것이라는 나의 생각은 여지없이 빗나가고 말았다. 철없는 틴에이저도 아니고 인생의 기본은 알 만한 나이에, 그것도 이제는 주를 믿는 성도가 되었는데, 그동안 듣고 배운 진리의 말씀은 어디에 두었는지 답답한 마음이 밀려왔다. 두 사람의 나이와 환경, 신앙과 정서, 취향과 성장 배경이 너무 달라 미래를 함께할 대상은 분명 아닌데 눈이 어두워 보지 못하는 것 같았다.

 온갖 고통과 괴로움을 겪으며 인생의 모진 폭풍에서 빠져나왔으면 이제는 잔잔한 바다의 고요함 속에서 지난날들을 되돌아보며 풍랑을 만난 원인을 찾아내야 한다. 자신의 외골수적인 생각과 성급한 선택이 어떻게 자기의 인생을 손상시켜왔는지를 되돌아보며 버릴 것은 버리고, 바꿀 것은 바꾸며 보다 넓은 시야로 인격의 그릇을 키워나가야 한다.

이런 회개의 과정을 거치다 보면 다시는 같은 구덩이에 빠지는 실수를 되풀이하지 않고, 다시는 자기 인생을 가시밭길로 끌고 가지 않는 지혜로운 사람이 된다. 그러나 폭풍이 지나간 후 찾아오는 잔잔하고 고요한 시간을 인격 성장의 기회로 삼지 않고, 피하고 싶은 적막함으로, 견디기 힘든 외로움으로 여겨 그것에서 탈출하려고 서둘러 새로운 관계를 시작하며 죄를 쌓는 사람들이 있다.

몇 주가 흐른 어느 날 저녁에 그 두 사람이 동거한다는 말이 들려왔다. 진위 여부를 확인하기 전 나는 자매를 조용히 목양실로 불렀다. 그리고 그리스도인으로서 결혼하지 않은 상대와 관계를 갖는 것은 하나님 앞에서 범죄행위라는 사실을 말해주고 회개할 것을 권면하면서, "사람은 일시적인 감정에 사로잡혀 잘못된 선택을 할 수 있다. 지금까지 그래왔다면 이번에는 좀 더 심사숙고하고 기도하면서 주님의 인도를 받았으면 좋겠다"라고 말해주었다.

하나님은 혼인 제도를 파괴하는 성적 부정을 엄하게 다스리신다. 결혼으로 맺어진 부부가 아닌 다른 사람과의 성적 관계를 신약성경에서는 '포르네이아' 혹은 '모이큐오'라는 단어를 사용했는데 우리말 성경에는 간음 혹은 음행으로 번역되어 있다. 그러나 두 단어를 구분한다면, 간음이란 배우자가 있는 남자나 여자가 다른 사람과, 혹은 독신자라도 배우자가 있는 상대와 성적 관계를 맺는 것을 말한다. 음행이란 결혼제도 밖에서 맺는 모든 부정한 성적 관계를 말한다. 그러니까 배우자가 없는 싱글들끼리라도 함부로 성관계를 하는 것은 음행 죄를 짓는 것이다. 이 간음 죄나 음행 죄에 대한 형벌은 살인자가 받는 형벌과 동일하다. 바로 사형死刑이다레 20:10.

현대인들은 이것을 사적인 프라이버시로 생각할 뿐 죄로 여기지도 않을 정도로 지금은 성도덕의 타락이 극심한 시대다. 그러나 하나님 나라에서는 다르다. 그것은 심각한 죄를 쌓는 일이며, 사탄의 개입과 징계를 불러오는 일이므로 철저히 금해야 한다. 그래서 성경은 음행간음하는 자는 그 영혼이 망한다잠 6:32고 했고, 그런 자들과는 사귀지도 말고, 함께 먹지도 말라고 했으며고전 5:11, 교회에서는 그런 자를 출교 조치하라고 명하고 있다고전 5:13. 그뿐만 아니라 그런 자는 하나님 나라에도 갈 수 없다고 경고한다고전 6:10; 갈 5:21.

신명기 22장 22절은 간음은 죽음으로 갚아야 할 중죄라고 말한다.

"어떤 남자가 유부녀와 동침한 것이 드러나거든 그 동침한 남자와 그 여자를 둘 다 죽여 이스라엘 중에 악을 제할지니라."

이스라엘의 젊은이들이 모압 여인들에게 유혹을 받아 그들이 섬기는 바알브올 우상을 경배했는데, 이런 제사 행위는 처녀들과의 음행을 통해 이루어졌다. 이 음행 죄를 저지른 자들을 하나님은 급성 전염병으로 치셨고, 그들은 하루 동안 이만 사천 명이 죽었다민 25:9.

성경에 이런 사건을 기록해놓은 이유가 무엇일까? 주님을 믿는 우리에게 죄와 벌에 대한 바른 인식과 경고를 주기 위해서다.

"그들에게 일어난 이런 일은 본보기가 되고 또한 말세를 만난 우리를 깨우치기 위하여 기록되었느니라"(고전 10:11).

미쉬나Mishnah는 음행에 대한 형벌을 교살로 정하고 그 교살의 방법까지도 규정하고 있다. 간음한 죄는 가장 더러운 죄라 하여 더러운 분뇨통에 넣어 죽이라는 것이다. 성경에 기록된 또 한 가지 형벌은 온 동네 사람들이 동구 밖에 나가서 돌을 던져서 죽이는 방법이다. 그야말로 돌무더기 속에 처넣는 참혹한 극형으로 아이들까지 동원하여 동네 사람 전체가 참가하는 처형 방법이다.

세상 문화가 바뀌었어도 음행에 대한 죄의 질과 무게는 달라지지 않았다는 것을 알아야 한다. 예수님은 마음에 음욕을 품고 여자남자를 보는 자는 이미 마음에 간음한 것이라고 말씀하실 정도로 간음의 범위를 넓게 보셨다. 그러나 주님은 요한복음 8장에서 간음한 여인에게 다시는 같은 죄를 범하지 말 것으로 명하시면서 용서해주기도 하셨다요 8:11. 그러므로 신약 성도가 몰라서 이런 범죄 행위를 했으면 철저히 회개하고 다시는 동일한 죄를 범하지 말아야 한다.

몇 개월 후, 기도하는 중에 주님은 나의 잘못을 지적하셨다. 그 음행의 문제를 치리하지 않고 있어 교회의 거룩성을 훼손하고 있다는 것이다. 교회는 세상으로부터 분리될 수 없지만, 세상과는 철저히 구별되어야 하는 거룩한 공동체다. 나는 자매가 시간이 걸려도 회개하고 교회에 남기를 원했다. 그래서 이 문제를 해결하지 않고 차일피일 미루다 보니 어언 6개월이 흘러간 것이다.

다시 자매를 만나 회개하고 돌이키지 않으면 교회를 떠날 수밖에 없음을 통고했다. 수년 동안 한 가족이 되어 함께 섬기던 지체와 헤어지는 것에 대한 애석한 마음은 이루 표현할 수 없지만, 주님의 뜻을 거스를 수는 없었다. 인간이 만드는 세상의 문화와 도덕의 기준은 때에 따라 변할지라도 하나님 나라의 법도와 규범은 변하지 않는다. 주님은 어제나 오늘이나 영원토록 동일한 분이시기 때문이다. 마지막 날에 많은 사람들이 예수님께 나오지만, 그들 중 회개하지 않은 사람들은 모두 거절당할 것이다마 7:21.

술은 은혜의 통로를 막는다

홍수 심판에서 가족들과 함께 유일하게 살아남은 의인 노아가 술 때문에 수치스런 행동을 하고, 아들 함의 자손을 저주한 이야기가 성경에 나온다. 술은 사람에게 심각한 해를 끼치며, 믿는 자의 경건생활에 치명적인 장애물 역할을 한다. 술은 인체의 세포에 독이 되어 몸 속에 들어가면 뇌신경에 영향을 주고, 성세포의 유전 관계를 취급하는 세포를 파괴하는데, 그 영향은 3-4대까지 미친다.

  그리고 술은 산소 공급, 단백질의 응고, 함수탄소의 대사 등에 지장을 주므로 심장병, 위궤양, 간경화, 중추신경 마비 등 여러 가지 질병을 유발시키기도 한다. 또한 술에 취하면 소뇌와 대뇌가 모두 마비되므로, 감각 기능의 혼란을 가져오고, 사고와 언어 기능에 장애를 일으켜 무례하고 몰염치한 언행을 유발시키기도 한다. 또한 동물적 본능에 사로잡혀 성적 욕정의 노예가 되게 하기도 한다. 우리나라 속담에 "술먹은 개"라는 말도 있고, "인간의 두뇌에 알코올을 붓는 것은 기계에 모래를 붓는 것과 같으며, 앞문으로 술이 들어오면 뒷문으로 지혜는 달아난다"는 서양 속담도 있는 것처럼 술의 폐해는 심각하다.

  은혜 안에서 살고 있는 그리스도인은 거룩한 제사장이라는 사실을 알아야 한다. 그러므로 제사장으로서의 경건 생활에 심각한 장애가 되는 술과는 단절해야 한다. 그러면 제사장에게 술은 어떤 결과를 가져오는지 하나님 말씀을 들어보자.

> "여호와께서 아론에게 말씀하여 이르시되 너와 네 자손들이 회막에 들어갈 때에는 포도주나 독주를 마시지 말라 그리하

여 너희 죽음을 면하라 이는 너희 대대로 지킬 영영한 규례라"(레 10:8-9).

하나님을 섬기는 성도가 발효된 알코올로 몸을 더럽히면 죽음에 이를 수 있다는 강력한 경고는 신약 성도에게도 해당된다. 성령으로 중생한 신약 성도는 구별된 제사장일 뿐 아니라 하나님의 성령이 거하시는 성전이기 때문에 거룩해야 하는 것이다.

"너희는 너희가 하나님의 성전인 것과 하나님의 성령이 너희 안에 계시는 것을 알지 못하느냐 누구든지 하나님의 성전을 더럽히면 하나님이 그 사람을 멸하시리라 하나님의 성전은 거룩하니 너희도 그러하니라"(고전 3:16-17).

성전 된 몸을 발효물질로 더럽히지 말라. 몸이 망가질 수 있다는 경고를 헛되게 듣지 말아야 한다. 잠언 23장 31절에서 "술을 쳐다보지도 말라"고 경고하는데도 발효된 술을 마셔대며 "술에 취하지 않고 중독되지만 않으면 괜찮다. 못된 술버릇이 문제이지, 술을 입에 대는 것은 나쁘지 않다"라고 하는 등 궁색한 변명으로 죄를 합리화한다면 과연 그들이 성령으로 거듭난 성도인가? 아니면 중독의 영에게 사로잡힌 술의 노예인가? 사도 바울도 그의 서신에서 성도들이 술 취하지 말아야 함을 역설하고 있다.

> "낮에와 같이 단정히 행하고 방탕하거나 술 취하지 말며 음란하거나 호색하지 말며 다투거나 시기하지 말고 오직 주 예수 그리스도로 옷 입고 정욕을 위하여 육신의 일을 도모하지 말라"(롬 13:13-14).

몸과 영혼을 더럽히는 술과 방탕의 죄를 회개하고 새사람이 되어야 한다.

의인의 언어로 바꾸어야 한다

사람은 말하면서 살아가는 존재다. 아침에 일어나서부터 밤에 잠자리에 들 때까지 말하며 살아간다. 말을 들어 보면 그 사람이 어떤 사람인지를 알 수 있다. 성급하고 부정적인 말을 하는 사람을 만나면 상처를 입을까 봐 가까이하려 하지 않는다. 만나자마자 "누구는 이렇고…누구는 저렇고…." 하면서 남의 이야기를 늘어놓는 사람이 있다.

나에 대해서도 험담할 것이 뻔한데 속마음을 줄 리 없다.

    때로는 긍정적이고 절제된 말을 하며 진지한 관심을 보이는 인격의 소유자도 있다. 그런 사람과는 평생을 가까이 하고 싶어진다. 이렇게 입에서 나오는 말은 그 사람의 성품과 인격을 그대로 나타내 준다. 한마디로 말은 곧 그 사람인 것이다.

    우주 안에서 가장 능력 있는 말은 어떤 말일까? 바로 하나님의 말씀이다. 하나님의 말씀 안에는 우리가 상상조차 할 수 없는 놀라운 창조의 능력이 들어 있기에 그 말씀으로 하나님은 천지 만물을 창조하셨다. 그리고 하나님의 말씀 속에는 생명의 능력과 치료의 능력이 들어 있다. 그래서 그분의 말씀을 전하는 메시지를 들을 때 하나님의 생명이 들어오기도 하고, 질병이 치료되기도 한다.

    그러면 우리의 말 속에도 능력이 들어 있을까? 물론이다. "말이 씨가 된다"는 말을 많이 한다. 말한 대로 되더라는 것이다. 이렇게 우리의 말에도 능력이 들어 있어서 말로 사람에게 용기를 주기도 하고 좌절에 빠뜨리기도 한다. 말로 풍파를 일으키기도 하고 그것을 가라앉히기도 한다. 또한 말로 문제를 해결하기도 하고 문제를 만들기도 한다.

그러므로 그리스도 안에서 의인이 된 성도는 악인의 말은 버려야 한다. 남을 저주하는 악인의 말은 하지 말아야 한다. 남이 잘못되기를 바라는 사람, 남이 병들거나 사고가 나기를 바라는 등 저주의 말을 잘하는 사람을 자세히 살펴보라. 대부분 어떤 심각한 문제나 질병에 시달리고 있을 것이다. 자기가 한 저주의 말이 열매를 맺어 자신에게 되돌아오기 때문이라고 성경은 가르쳐준다. 시편 109편 17절을 보자.

> "그가 저주하기를 좋아하더니 그것이 자기에게 임하고 축복하기를 기뻐하지 아니하더니 복이 그를 멀리 떠났으며."

분노가 일어날 때는 일어서서 심호흡을 크게 한 번 하고 입을 열지 않도록 해야 한다. 분노하며 내뱉는 악한 말 속에는 칼처럼 날카로운 흉기가 들어 있다. 그래서 듣는 자의 마음에 심한 상처를 입혀 평생을 고통 속에 빠뜨릴 수 있다.

원망하는 말도 삼가야 한다. 우리에게 일어나는 모든 일은 하나님의 섭리 아래 있다는 것을 알아야 한다. 출애

굽한 백성들의 경우를 보면 하나님께 원망하는 죄는 참담한 결과를 가져온다는 것을 알 수 있다. 모세가 가나안 땅으로 보낸 정탐꾼들이 돌아와 백성들 앞에서 보고할 때 열 명은 가나안 땅은 사람을 삼키는 땅이요, 그곳에 살고 있는 주민들은 기골이 장대하여 절대로 그들을 이길 수 없다고 부정적인 보고를 했다. 그 말을 들은 백성들은 밤새도록 통곡하며 지도자 모세와 아론을 원망했다. 그것은 그들을 세우신 하나님을 원망한 것이다.

그들의 악한 말을 들으신 하나님께서 하신 말씀을 들어보자.

> "나를 원망하는 이 악한 회중에게 내가 어느 때까지 참으랴 이스라엘 자손이 나를 향하여 원망하는 바 그 원망하는 말을 내가 들었노라…너희 말이 내 귀에 들린 대로 내가 너희에게 행하리니 너희 시체가 이 광야에 엎드러질 것이라…"(민 14:27-29).

출애굽 1세대들 가운데 두 명을 제외하고 모두는 약속의 땅을 밟아보지 못하고 광야에서 죽고 말았다. 하나님에 대해서는 농담이라도 부정적인 말은 하지 않도록 조심하라.

더러운 말도 하지 말아야 한다. 에베소서에서는 "무릇 더러운 말은 너희 입 밖에도 내지 말라"엡 4:29고 언급한다. 이 구절에서 '더러운 말'이라는 단어는 고의적으로 남을 해치려는 비판, 험담, 중상모략 등을 의미한다. 예수님은 산상수훈에서 남을 비판하는 죄에 대해 상세하게 다루셨다.

"비판을 받지 아니하려거든 비판하지 말라 너희가 비판하는 그 비판으로 너희가 비판을 받을 것이요 너희가 헤아리는 그 헤아림으로 너희가 헤아림을 받을 것이니라 어찌하여 형제의 눈 속에 있는 티는 보고 네 눈 속에 있는 들보는 깨닫지 못하느냐"(마 7:1-3).

자신에게는 대들보만 한 허물이 있는 자가 상대방의 티끌만 한 흠을 지적하다니 얼마나 우매한 자인가? 남을 비판할 정도로 완전한 사람은 없다. 그러므로 아예 남의 말을 하지 말라. 남의 말을 하려거든 그 사람을 예수님으로 여기고 말하라.

메어리 케더린 백스터Mary K. Baxter, 1957-의 간증 중에 지옥에서 만난 한 여성 그리스도인에 대한 내용이 기억난다.

그 여인은 교회를 다녔지만, 이중 혀를 가지고 있어서 교회 안에서는 형제요 자매라고 하면서, 그들이 보이지 않는 곳에서는 심하게 교인들을 비판하고 흉을 보았다. 그리고 입으로 자주 다른 사람들에게 상처를 입히는 습관을 가지고 있던 여인이었다. 주님은 아무리 열심히 교회생활을 했어도 세속과 구별되지 않은 자, 회개하지 않고 죄 가운데서 사는 자는 하나님 나라에 들어오지 못한다고 말씀하셨다.

참소하는 것도 더러운 말에 해당된다. 참소는 남을 모함하여 사람 사이를 이간시키는 것으로, 성도가 입에 담을 말이 아니다. 이런 악한 말들은 장차 받을 심판의 자료가 된다는 사실을 주님은 말씀하셨다.

> "내가 너희에게 이르노니 사람이 무슨 무익한 말을 하든지 심판 날에 이에 대하여 심문을 받으리니 네 말로 의롭다 함을 받고 네 말로 정죄함을 받으리라"(마 12:36-37).

장차 하나님 앞에서 이 땅에 사는 동안 한 모든 행동은 물론 말까지 심판의 대상이 된다는 사실을 잊지 말라. 그런데 입술의 죄는 남자보다 여자가 더 많은 편이다. 여자가 남자보다 말을 더 많이 하기 때문이다. 신경정신과 의사인 루안 브리젠딘Louann Brizendine의 조사에 의하면 남자는 하루에 보통 7천 단어 정도를 말하는데, 여자는 놀랍게도 남자의 3배인 하루 평균 2만 단어를 말한다고 한다. 참소는 마귀의 전유물이지, 은혜 안에 있는 그리스도인의 입에서 나올 수 있는 말이 아니다.

믿음의 사람들이 온 힘을 다해 추방해야 할 원수가 또 하나 있다. 바로 거짓말이다. 지구상에서 맨 처음 거짓말을 한 자가 누구였는가? 바로 뱀으로 화신한 타락한 천사 루시퍼였다. 하나님은 "선악과를 따 먹으면 반드시 죽는다"창 2:17라고 하셨는데, 마귀는 "결코 죽지 않는다"창 3:4 하고 거짓말을 했다. 그리고 하와는 하나님의 말씀 대신 사탄의 거짓말을 선택했다. 아담 부부가 불순종하는 순간 그들 안에 마귀의 속성인 거짓이 들어왔고, 그 거짓은 인간의 정신을 속속들이 오염시켜 놓고 말았다.

거짓말하는 자는 하나님께 속한 자가 아니라 마귀에게 속한 자라는 무서운 사실을 알아야 한다. 그래서 성경은 "그런즉 거짓을 버리고 각각 그 이웃과 더불어 참된 것을 말하라"엡 4:25고 권하는 것이다. 대답하기 곤란한 질문을 받았으면 "지금은 말하고 싶지 않습니다…때가 되면 대답하지요"라며 정중히 거절하면 될 일을 왜 거짓말로 둘러대는가?

당신이 그리스도 안에 있는 의인이라면 정직한 말을 해야 한다. 노력하지 않고 저절로 이루어지는 일은 없다. 특히 언어습관은 더욱 그렇다. 오죽하면 다윗이 자기 입에 파수꾼을 세워 자기 입술을 지켜달라고 간구했겠는가? 시 141:3 말의 습관을 바꾸려면 끊임없는 노력이 필요하다. 하나님은 정직한 사람을 좋아하신다. 그래서 시편 112편 2절은 정직한 자와 그의 자손들이 복을 받을 것이라고 말한다.

> "그의 후손이 땅에서 강성함이여 정직한 자들의 후손에게 복이 있으리로다."

그리고 덕이 있는 말을 하도록 해야 한다. 덕이 있는 입술은 닥쳐오는 환난도 멈추게 한다. 험한 말로 다윗을 모독한 나발과는 달리 그의 아내 아비가일은 덕이 있는 말로 다윗의 분노를 가라앉히고 멸문지화를 면하게 했다.

"…오직 덕을 세우는 데 소용되는 대로 선한 말을 하여 듣는 자들에게 은혜를 끼치게 하라"(엡 4:29).

또한 축복의 말을 하라. 어둠이 지배하는 이 세상은 마치 정글을 방불케 한다. 나라나 개인 할 것 없이 경쟁이라는 이름 아래 서로 물고 뜯고, 쫓고 쫓기며, 빼앗고 빼앗기며 살아간다. 그러나 당신은 그리스도 안에서 하나님의 자녀요, 평화의 왕이신 주님의 정결한 신부로 모두를 사랑하고 축복하라는 명을 받은 사람이다.

"너희를 저주하는 자를 위하여 축복하며 너희를 모욕하는 자를 위하여 기도하라"(눅 6:28).

자신을 모욕하고 괴롭힌 사람도 축복하라는 말씀이다. 만일 당신이 축복한 사람이 복을 받을 자격이 없다면 당신이 간구한 복은 당신에게 되돌아온다는 사실을 알아야 한다.

"어느 집에 들어가든지 먼저 말하되 이 집이 평안할지어다 하라 만일 평안을 받을 사람이 거기 있으면 너희의 평안이 그에게 머물 것이요 그렇지 않으면 너희에게로 돌아오리라"(눅 10:5-6).

나를 모욕하고 험담한 자를 감정적으로는 저주하고 싶지만, 반대로 축복하라는 것이다. 같은 샘Spring에서 단물이 나왔다 쓴물이 나왔다 하는 경우가 없는 것처럼 하나님께 찬송과 기도하는 입으로 남을 저주할 수는 없다.

감사하는 말도 의인의 말이다. 우리 한국인들은 "감사하다"라는 말에 매우 인색하다. 유교적인 체면 문화 때문일 것이다. 작은 도움을 주었는데 상대방이 진실한 마음으로 감사를 표한다면 그 사람에게 더 많은 것을 나누고 싶은 것이 인지상정이다. 하늘 아버지는 자녀들에게 선하신 뜻을 숨겨놓으시고 고난을 허락하신다. 그러므로 험상궂은 고난의 얼굴만 보지 말고, 그 고난 속에 감추어져 있는 복의 무게를 헤아릴 줄 알아야 한다. 이를 깨닫는 자는 범사에 감사할 수 있다.

"범사에 감사하라 이것이 그리스도 예수 안에서 너희를 향하신 하나님의 뜻이니라"(살전 5:18).

캔자스시티의 한 교회에서 목회하는 윌 보웬Will Bowen 목사님은 왜 인간이 불행하게 사는지를 연구하다가 불행의 뿌리는 바로 '불평'에 있다는 사실을 발견한다. 그래서 그는 '불평 없애기 운동'Complaint Free Movement이라는 의식 개선 프로그램을 시작했다. 보라색 고무 밴드를 한쪽 손목에 끼우고 21일 동안 불평과 비판을 참는 방법이다. 만일 자기도 모르는 사이에 불평이나 비판이 나오면 즉시 그 고무 밴드를 반대쪽 손목으로 옮겨 끼우고, 그때부터 21일을 다시 시작한다. 그러다가 계속 불평하지 않고 이 기간을 지나면 불평의 습관은 사라진다는 것이다. 21일로 기간을 정한 이유는 어미닭이 21일 동안 알을 품어야 병아리가 되어 나오는 것에 착안한 것이다.

2006년에 시작된 이 캠페인은 입소문을 타고 미국을 비롯한 전 세계에 번져 지금까지 1,300만 개의 고무 밴드가 공급되었다고 한다. 이런 방법을 동원해서라도 불평을 일삼는 나쁜 언어습관을 '감사'의 언어습관으로 바꾸어야 한다.

믿음에 덕이 있어야

예수님은 제자들에게 "너희는 세상의 빛이라"마 5:14고 말씀하셨고, 바울도 에베소서 5장 8절에서 주 예수님을 믿고 하나님과 화해를 이룬 그리스도인을 주 안에서 빛이라고 말했다. 그러므로 하나님은 주 예수를 믿고 하나님과 화해를 이룬 성도들은 빛 가운데서 행할 것을 요구하신다. 특별히 교회의 지체 가운데 먼저 된 자들은 다른 지체들에게 덕을 끼치며 믿음의 본이 되어야 한다. 교회는 구별된 공동체로 거룩한 주님의 몸이기 때문이다.

에베소서 5장 8-9절은 주 안에서 빛이 된 성도에게는 빛의 열매가 있어야 함을 언급하고 있다. 성령으로 거듭났다고 주장해도 그 사람에게서 사랑과 희락과 화평 등 성령의 열매를 발견할 수 없다면 그에게 성령이 오셨다는 것은 거짓말인 것과 같다.

이처럼 모든 것은 열매로 증명된다. 빛의 열매 세 가지는 모든 착함과 의로움과 진실함이라고 했는데, '모든 착함'으로 번역된 헬라어 '아가도쉬네'는 너그럽고 온유한 마음을 의미하고, '의로움'이란 죄가 없는 상태라기보다는 자기의 책임과 의무를 다하는 것을 말한다. 가정에서, 직장에서, 혹은 교회에서 자기의 위치와 직분에 걸맞는 책임과 의무를 다하는 사람을 의로운 사람이라고 한다. 또한 '진실함'이란 순수한 마음으로 정직한 언행을 하는 것을 말한다. 자기에게 조금이라도 불리하면 말을 바꾸고 행동을 바꾸는 사람은 진실한 사람이 아니며, 누구에게도 신뢰받지 못한다.

교인 한 사람이 갑자기 각혈을 하다가 뉴욕 병원에 입원했다. 일주일 동안 입원한 상태에서 여러 가지 검사를 받았지만, 담당 의사는 원인을 찾을 수가 없다고 했고 그는 그날로 퇴원을 했다. 집으로 돌아온 후에도 피가 계속 나온다는 연락을 받고 나는 속히 기도해야 한다는 생각을 했다.

목사가 된 후 세상의 재물이나 명예는 나에게 관심의 대상이 아니다. 오직 하나님의 사람으로 나에게 맡겨진 양들을 먹이고 돌보는 목양 사역에 최선을 다하는 것이 주님이 나에게 주신 사명을 감당하는 것이며, 장차 주님 앞에서 결산의 자료가 된다는 것을 알고 있기 때문이다. 그래서 교회 가족에게 어떤 문제가 발생하면 기도해야 한다는 강박관념이 나를 힘들게 할 때가 많다. 경우에 따라서는 며칠 동안 잠을 설치며 기도하는 경우도 있다. 속히 주님의 음성에 귀를 기울여야 한다는 생각으로 기도에 들어갔다.

주님은 모든 것을 아시고, 모든 것을 하실 수 있는 분이기에 각혈의 원인이 무엇이며, 어떻게 해야 그것을 멈추게 할 수 있는지 알아야 했다. 한참을 기도하고 있는데 성령께서 응답하시기를 "교회의 중직으로 다른 사람을 배려하지 않는 이기심 때문이라"고 말씀하시는 것이었다. 어떤 큰 죄 때문이 아니라 믿음에 덕이 부족해 남을 배려하지 않는 이기심 때문이라는, 의외의 말씀에 한참을 묵상하며 앉아 있었다.

순간 교인들로부터 그동안 들어왔던 그에 대한 말들이 생각났다. 신앙의 연륜이나 그동안 수고한 경력으로 보아, 그를 중직으로 세우기를 원했지만 다른 지체들의 반대가 심했다. 이유는 신뢰할 수 없다는 것이다. 이를테면 다른 사람의 공로를 자기에게 돌리고, 순간순간 자신에게 유리한 대로 말을 바꾸고, 행동을 바꾼다는 것이다. 의로움과 진실함의 결여, 주님의 지적사항이 바로 이 부분이었다.

다음 날 그를 교회에서 만났고, 이 내용을 전해주었다. 농촌의 가난한 집안에서 태어나 살벌하기 이를 데 없는 경쟁 속에서 살다 보니, 자신에게 이익이 되는 쪽으로 말하고 행동하며 살아온 것이 깊숙이 몸에 배어 그의 인격의 한 부분을 차지하고 있었다. 회심을 하고 교회생활을 하면서도 이 부분은 마음속에서 견고한 벽이 되어 무너지지 않았던 것이다. 마음속에 완악한 철옹성을 쌓고 있는 사람이 어찌 이 사람뿐이랴! 주님은 그에게 회개할 기회를 비로소 주신 것이다.

교회의 장로나 안수집사, 권사 등의 언행은 교회 공동체에 많은 영향을 끼친다. 그들이 각자 이기적인 행동으로 파벌을 만들어 분쟁을 한다면 교회는 형편없이 저급한 집단으로 전락하지만, 그들이 믿음에 덕이 있어 지체들에 대해 관심과 배려로 섬김의 본을 보이면 교회는 질서와 화평이 가득한 사랑의 공동체로 성장하게 된다. 그만큼 교회의 중직들의 역할은 중요하다.

주님의 말씀을 전해들은 그는 하나님께서 이런 부분까지 개입하시고 다루신다는 사실에 놀라워하면서 그것이 사실임을 인정했다. 그리고 이제부터 자기를 내세우지 않을 것이며, 형제자매를 진심으로 섬기며 믿음의 본을 보이겠다는 결심을 밝혔다. 각혈은 멈추었고 그에게는 신앙생활의 일대 전환점을 맞는 기회가 되었다. 하나님은 멀리 계시지 않고 자녀들과 매우 가까이에 계신다. 주님은 감각이 무디신 분이 아니라 우리의 일상사를 살피실 정도로 세

심하시며, 세속과 구별된 거룩한 교회 공동체가 되기를 원하신다.

직분 경시는 직무유기

어느 날 수요 저녁예배가 있던 낮에 교회의 여집사에게서 전화가 왔다. 그동안 하혈증으로 고생을 많이 했는데 오늘 저녁예배 때 안수기도를 해달라는 부탁을 했다. 저녁예배가 시작되었는데 그날따라 회중의 찬송이 평소보다 뜨거웠고, 참석자들은 설교에 많은 은혜를 받는 것 같았다. 설교가 끝나고 마감 기도로 예배를 마치면 회중들은 앉은 자리에서, 혹은 예배실 통로로 나와 무릎을 꿇고 통성으로 기도를 한다. 기도를 부탁한 여집사도 통로로 나와 울면서 기도를 하고 있었고, 나는 그녀에게 다가가 머리에 오른손을 얹고 기도를 시작했다.

기도 중에 성령님께서 "울고불고 한다고 될 일이 아니다. 회개해야 한다"라고 하시면서 회개해야 할 두 가지 죄를 지적해 주셨다. 하나는 다른 지체와의 갈등과 분쟁의 문제였고, 또 다른 하나는 맡은 직분을 소홀히 하는 직무유기 때문이라는 것이었다.

그 후 여인은 이 두 가지 죄를 회개했다. 분쟁의 대상을 찾아가 무릎 꿇고 사과하며 화해를 했고, 다시 맡은 직분을 성실히 감당하면서 처음 사랑을 회복해 갔다. 주님은 그녀를 괴롭혔던 질환을 치료해 주셨다.

미국 교회에 다니는 한 형제에게서 들은 말이 생각난다. 그가 다니는 교회는 외부 방문객이 많은데, 그 형제는 공항에 나가 그들을 픽업하는 일을 맡았고, 벌써 20년째 그 일을 하고 있다고 한다. 집사님, 혹은 장로님이 아니냐는 질문에 그런 직분은 교회를 위해 자기희생을 해온 사람이나 특별한 공로가 있는 사람이 받을 수 있는 직분이며, 자기는 그저 평범한 형제일 뿐이라고 대답하는 것이었다.

교회의 직분은 매사에 신중하고, 술을 멀리하며, 표리부동하지 않고, 탐욕이 없는 사람으로 깨끗한 양심에 믿음의 비밀을 가진 자에게 부여해야 한다고 성경은 말한다딤전 3:8-9.

그런데 우리나라 교회들은 직분을 너무 남발한다. 심지어는 감사헌금이라는 명목을 붙여 직분을 판매하는 교회들도 있다. 상인들과 짜고 제물로 사용할 양과 염소 등을 비싸게 팔아 치부한 제사장들도 있었고, 면죄부를 팔아 건물을 세운 사제들도 있었으니 새삼스런 일도, 놀랄 일도 아니다. 그러나 목회자의 한 사람으로서 그런 교회들이 있다는 사실에 수치심을 느낀다.

요즘에는 집사 아닌 사람을 찾기 힘들고, 권사, 장로, 목사가 너무 많은 게 현실이다. 신병 훈련을 겨우 마친 초년병에게 상사 계급장을 달아주고, 작전이나 지휘관 교육을 받아본 적이 없는 일등병 수준의 병사를 대령으로 임명한다면 그 군대는 오합지졸만 모인 형편없는 군대일 것이다. 교회가 믿음이 견고하지 못한 사람과, 헌신할 준비가 되어 있지 않은 사람에게 직분을 남발한다면 이런 군대와 무엇이 다르겠는가? 하나님 나라에 득得보다는 실失이 훨씬 더 많을 것이다. 그들이 도덕적으로, 양심적으로, 영적으로 세상의 빛 역할을 하지 못하므로 복음을 가로막는 역할을 하기 때문이다. 주님은 직분을 남발하는 자는 물론이고, 받은 직분을 감당하지 않는 자는 직무유기 죄를 범하는 자들이라고 말씀하셨다.

부자가 천국에 갈 수 있는가?

한 부자 관리가 예수님을 찾아와서 어떻게 해야 영생을 얻는지 질문했다. 주님은 계명들을 지키라고 하셨고, 그는 자기는 그것을 지켜왔는데 부족한 것이 무엇인지 다시 질문했다. 주님은 그의 눈을 쳐다보시면서 "네 재물을 팔아 가난한 자들에게 나눠주고 와서 나를 따르라"고 말씀하셨다. 부자 관리는 슬픈 기색으로 고민하다가 주님을 떠나갔다. 왜 예수님은 그에게 재물을 팔아 나누어 주라고 하셨을까? 재물이 그의 주인이었고, 그가 섬기는 신神이었기 때문이다.

현대의 많은 그리스도인들은 돈과 명예, 일과 오락, 예술과 스포츠 등 여러 분야의 우상들을 두고 산다. 그 가운데서 가장 큰 우상은 돈이다. 사람들은 자기의 힘과 노력으로 번 돈이기에 자기 소유라고 생각하지만 하나님은 모든 것은 하나님의 소유라고 말씀하신다.

"땅과 거기에 충만한 것과 세계와 그 가운데에 사는 자들은 다 여호와의 것이로다 … 은도 내 것이요 금도 내 것이니라 만군의 여호와의 말이니라"(시 24:1; 학 2:8).

사람이 세상에 올 때 가지고 온 것은 하나도 없다. 세상을 떠날 때도 무엇 하나 가져가지 못한다. 사는 동안 당신에게 있는 모든 것은 하나님께서 맡기신 것들뿐이다. 지금 당신에게 있는 재물은 하나님께서 그것을 얻을 수 있는 능력을 주셨기 때문에 얻은 것으로 원 소유주는 하나님이시다. 당신은 그것을 맡아 사용하는 관리자에 불과하다.

> "그러나 네가 마음에 이르기를 내 능력과 내 손의 힘으로 내가 이 재물을 얻었다 말할 것이라 네 하나님 여호와를 기억하라 그가 네게 재물을 얻을 능력을 주셨음이라…"(신 8:17-18).

하나님이 재물을 얻을 능력을 주신 이유가 무엇일까? 선한 일에 사용하라는 것이다. 편안한 생활을 위해, 자녀들 교육을 위해 돈을 쓰는 것은 자연스러운 일이며, 가난한 사람들을 구제하는 일이나 사회복지를 위한 일에 돈을 쓰는 것은 선한 일이다. 복음전파를 위해, 해외선교를 위해 돈을 사용하는 것 또한 선한 일이다. 그러므로 선한 일을 위해 적극적으로 돈을 사용하여 선순환 할 줄 아는 자에게 하나님은 필요한 물질을 채우신다.

하나님 나라의 부요 법칙을 따라 선한 일에 돈을 사용

하는 일이 의식화되어 있는 사람에게 하나님은 돈을 얼마든지 주실 수 있다. 그러나 돈을 지나치게 사랑하여 돈을 움켜쥐고 모아 쌓는 일에만 집착하며 탐심을 채우는 일에 열중하는 자들은 경우가 다르다. 그들은 하나님의 율법 가운데 가장 중요한 것 중 하나인 우상숭배의 죄를 범하는 자들로 하나님 나라에 들어가기가 극히 어렵다엡 5:5. 거의 불가능하다는 뜻이다. 그들은 머리로는 하나님을 인정하지만, 온통 마음은 돈에 사로잡혀 있다. 돈이 그들의 하나님인 것이다. 구세주께서 하신 말씀을 들어보자.

> "…하나님의 나라에 들어가기가 얼마나 어려운지 낙타가 바늘귀로 나가는 것이 부자가 하나님의 나라에 들어가는 것보다 쉬우니라"(막 10:24-25).

고대 중동 지역의 도시들은 주로 성벽으로 둘러싸여 있었는데 성벽 입구에는 성 안으로 들어가는 거대한 문이 있다. 날이 어두워지면 적이 들어오지 못하도록 이 거대한 문들은 닫히고 자물쇠로 채워놓는다. 그러나 늦게 도착하는 여행객이 들어올 수 있도록 작은 출입문을 만들어 놓았는데, 그 작고 좁은 출입문을 사람들은 '바늘귀'라고 불렀다. 그 문이 얼마나 작고 협소한지 겨우 한 사람만 들어갈 수 있었는데 낙타를 타고 온 사람은 낙타와 사람이 따로 들어가야 했고, 낙타는 싣고 온 짐을 모두 내려놓고 무릎을 꿇고 기어서 겨우 통과할 수 있었다.

예수께서 하신 말씀은 부자가 하나님 나라에 들어오려면 낙타가 바늘귀를 통과하듯이 세상의 모든 소유를 완전히 내려놓고 하나님 앞에 무릎을 꿇은 자세로만 가능하다는 뜻이다.

돈 사랑은 모든 악의 뿌리이며, 돈을 탐내는 자들은 근심의 가시로 자기 몸을 찌르며 사는 자들로, 그들의 믿음은 헛것임을 사도 바울은 경고한다 딤전 6:10. 염려와 근심은 돈을 사랑하여 하나님 보다 돈을 우선순위에 두기 때문에 오는 것이다. 돈을 사랑하는 자는 부자들만 해당되는 말이 아니라 가난한 자들 중에도 많이 있다. 그들은 돈을 지나치게 사랑한 나머지 돈을 벌 수 있는 일이라면 무슨 일에든지 뛰어들지만, 자기가 해야 할 도리에는 매우 인색하다.

돈이 사람을 행복하게 해주지는 못한다. 돈은 바닷물과 같아서 모으면 모을수록 갈증이 더 심해져 돈에 대한 욕구가 점점 더 크게 일어난다. 그러므로 슬픔과 고통을 겪으며 대가를 치르게 된다. 그러나 나누어주면 받을 수 있는 하나님 나라의 부요 법칙은 매우 안전하다.

"주라 그리하면 너희에게 줄 것이니 곧 후히 되어 누르고 흔들어 넘치도록 하여 너희에게 안겨 주리라…"(눅 6:38).

이 하나님 나라의 부요 법칙을 따라 부자가 되면 기쁨과 평안과 건강과 장수를 누리며 행복하게 살 수 있다.

"여호와께서 주시는 복은 사람을 부하게 하고 근심을 겸하여 주지 아니하시느니라"(잠 10:22).

돈을 하나님으로 삼는 우를 범하지 말고, 그것을 발아래 밟고 노예로 삼아 다스리고 지배하라. 주님을 믿는 자가 돈에 자유롭지 못하면 결국 부자 관리의 전철을 밟게 된다. 주님은 지금도 "네가 영생을 얻기 원한다면 네 주인을 바꾸어야 한다"라고 말씀하신다. 부자 관리는 섬기는 주인을 바꿀 생각이 없었다. 그래서 주님을 버리고 재물을 따라갔다. 영원한 행복을 포기하고 잠시의 행복을 택한 것이다. 잠시 후면 거품처럼 사라지는 재물에 소망을 두지 말고, 호흡이 있는 동안 마음껏 나누며 선한 일에 힘쓰라.

> "네가 이 세대에서 부한 자들을 명하여 마음을 높이지 말고 정함이 없는 재물에 소망을 두지 말고 오직 우리에게 모든 것을 후히 주사 누리게 하시는 하나님께 두며 선을 행하고 선한 사업을 많이 하고 나누어 주기를 좋아하며 너그러운 자가 되게 하라"(딤전 6:17-18).

어린 자녀들에게도 회개가 필요한가?

어린 자녀들의 구원에 대해 생각해 본 적이 있는가? 그동안 자녀들의 영혼을 다른 사람들에게 맡겨놓은 채 무관심하게 살아왔다면 바로 지금, 진리는 자녀 구원을 어떻게 말하고 있는지를 깨닫는 기회로 삼으면 좋겠다. 어린이들에게도 회개가 필요한 것일까? 그렇다. 그들의 영혼도 구원을 받아야 하기 때문이다. 천국과 지옥에 대한 간증들 가운데 신뢰할 수 있는 내용들도 많다. 그들 중 아이들도 불못에 있다는 증언들은 자녀들의 신앙교육이 얼마나 중요한지를 깨닫게 해준다.

어떤 사람은 영적 체험이나 신비한 증언을 하는 사람들

을 싸잡아 신비주의자로 배격한다. 자신이 모르는 것을 모른다고 생각하는 것이 아니라 틀렸다고 생각하는 사람들, 실제로 있을 수 있는 일들을 무조건 없는 일로 단정 짓는 사람들이 의외로 많다. 그러나 기독교 신앙에서 신비한 요소들을 빼고 나면 무엇이 남겠는가? 보이지 않는 하나님께서 우리의 예배를 받으신다는 것이 신비한 일 아닌가? 주 예수께서 만민의 죄를 속량하셨다는 것도, 회개하고 주 예수를 믿으면 구원받는다는 복음도 신비한 일이다. 성령이 주시는 거듭남의 은혜도, 기도할 때 받는 하나님의 응답도, 장차 성도가 누릴 하늘의 영광도 신비하기는 마찬가지다. 신비한 일들을 빼고 나면 성경은 한낱 진부한 옛날 이야기책이 되고 말 것이다. 물론 말씀을 경시하고 신비한 것만을 추구하는 것은 문제가 있다.

반면에 신비한 것은 모두 배격하고 문자적인 이론에만 집착하는 것 또한 문제가 있다. 신뢰할 만한 사람들이 신비한 체험을 하고 증언하는 내용들이 말씀의 원리에 어긋나지 않는 한 신앙에 참고하는 것은 유익한 일이 될 것이다. 또한 기도와 말씀으로 성령 충만을 받으면 바른 분별력을 얻어 영육 간에 균형 있는 믿음을 소유할 수 있다.

주님은 마태복음 19장 14절에서 "어린아이들을 용납하고 내게 오는 것을 금하지 말라 천국이 이런 사람의 것이니라"고 말씀하셨다. 천국은 어린아이처럼 깨끗하고 순수한 사람의 것이라는 비유적 표현이셨지만, 실제 문자적인 의미도 담고 있다는 것을 알아야 한다. 이 말씀에서 '어린아이'는 헬라어로 '파이디아'인데, 7세 이하의 아이들을 의미한다.

또한 누가복음 18장 15절에서는 '어린 아기'라는 의미로 '브레페'를 사용했는데 젖먹이 아기, 즉 유아라는 뜻이다. 태중에서 유산한 아기를 포함하여 젖먹이 유아 등 7세 이하에 죽은 아이들은 천국에 가지만, 선악의 기본을 분별할 줄 아는 8세 이상의 아이들은 경우가 다르다.

요즘 아이들은 텔레비전을 통해 사탄의 도구인 각종 만화나 영화, 혹은 게임에 빠져서 부수고 깨뜨리고 죽이는 장면들을 자연스럽게 익히며 불순종하는 영들의 영향력 아래서 영혼이 병들어 가고 있다. 어린 자녀들을 그런 환경에 방치하는 것은 위험하다. 폭력적이고 파괴적인 내용을 볼 수 있는 영상매체를 적절히 통제하여 아이들의 영혼을 보호해야 한다. 그리고 부모가 예수님에 대한 믿음을 갖도록 교육해야 한다. 성경을 읽히고 회개와 기도, 천국과 지옥에 대해 가르치면서 불순종의 생각과 행동을 바로 잡아주어야 한다. 그렇지 않으면 영원한 후회를 하게 될 것이다.

예배와 기도가 열납되지 않는 이유

죄는 우리와 하나님 사이를 갈라놓고 기도와 예배가 하나님께 상달되지 못하도록 통로를 막는다. 회개로 죄를 없애고 하나님과의 관계를 회복해야 한다. 만일 당신이 회개 없이 그냥 교회를 다녔다면 10년, 20년을 다녔어도 당신은 한 번도 예수를 믿은 적이 없는 사람이다. 한 번도 하나님의 나라 입구에 발을 들여놓은 적이 없는 사람이라는 말이다.

회개하지 않으면 어떤 결과가 오는 것일까? 죄 용서가 없기 때문에 저주가 떠나지 않는다. 그리고 예배와 기도가 하나님께 상달되지 않는다. 그리고 마귀가 개입해 앞길을 막고 사고나 막힘이나 질병 등으로 고통을 준다.

작가로 알려진 김성일 장로님의 경험도 믿음에 참고가 될 것이다. 그분은 은혜 받고 나서 교회생활에 열심이었다. 술, 담배도 끊고 열심히 성경공부반에도 들어가고 기도모임에도 빠지지 않고 참석했는데 되는 일이 없었다. 소화도 안 되고 변비와 설사가 계속되고 체중이 급격히 줄어들며 온 가족들이 교대로 병원에 입원하는 등 힘든 날이 계속되었다. 신앙에 대한 회의와 갈등으로 고민하다가, 어느 날 성경 안에서 해답을 얻게 된다.

레위기를 읽던 중 죄 사함을 얻는 데 필수적인 하나의 조건은 회개라는 사실을 알게 된 것이다. 특히 남의 것을 속여 빼앗은 것이나 빌린 것은 반드시 되돌려주고 갚아야 한다는 것과, 과거의 죄를 회개한다고 하면서 입으로만 잘못을 고백하는 것에서 끝난다면 그것은 참된 회개가 아니라는 사실을 알게 되었다. 예를 들어, 빚진 돈이나 남의 것을 훔친 것을 갚을 때만 철저한 회개가 된다는 사실을 깨달은 것이다. 그러나 갚으려고 해도 그 사람이 어디 있는지 모르는 경우에는 어떻게 할 것인가에 대한 해답은 민수기 5장 7-8절에서 찾아냈다.

"그 지은 죄를 자복하고 그 죗값을 온전히 갚되 오분의 일을 더하여 그가 죄를 지었던 그 사람에게 돌려줄 것이요 만일 죗값을 받을 만한 친척이 없으면 그 죗값을 여호와께 드려 제사장에게로 돌릴 것이니…."

그는 그동안 회개가 없는 잘못된 믿음생활을 하고 있었음을 알게 되었고, 그때부터 예수님 밖에서 지었던 죄들과 남에게 손해 입힌 죄들을 해결하기 위해 하나님 말씀을 행동에 옮기기 시작했다. 그런데 놀라운 일은 그 후부터 자신을 옥죄었던 문제들이 하나씩 풀리면서 주님 안에서 자유를 얻게 된 것이다. 죄를 뉘우치고 고백하는 것에서 끝내는 것이 아니라, 죄를 버리고 본래대로 되돌리는 것이 회개다. 금전적인 피해를 입혔으면 원금에 20%를 보태서 갚아야 하고, 용서를 구할 것은 용서를 구하고, 화해할 것은 화해해야 한다.

하나님의 소유를 건드리지 말라

교회에서 15년을 함께 섬겨온 형제의 경우는 진심으로 믿으려는 자들에게 귀한 교훈을 준다. 그 형제는 교회에 없어서는 안 될 신실한 사람으로 소중한 지체다. 천성이 밝고 매사에 긍정적인 사고를 가지고 있으며, 누구에게나 친절하고, 친화력이 있어서 교인들 간에 신뢰를 받는 사람이다. 그는 맨손으로 이민생활을 시작하여 열심히 노력한 결과 생활의 기반을 잘 닦아 주변 사람들에게 부러움을 받고 있으며, 예배생활의 소중함도 알고 말씀의 은혜를 늘 받으며 신앙생활에도 모범이 되는 형제다.

그런데 그에게 나타나는 열매를 보면 이해할 수 없는 것들이 많았다. 무언가 하나님과 막혀 있고, 관계가 뒤틀어져 있다는 생각을 지울 수가 없었다. 수년 동안 그 형제가 여러 모양으로 고통을 받고 있다는 생각에 그를 위해 구체적으로 기도해야 하겠다는 생각이 들었다. 며칠 동안 그에 대한 기도를 집중적으로 하기로 하고 기도에 들어갔다.

"아버지 하나님, 저 형제가 교회에 반드시 필요한 사람이고, 더욱 귀한 주님의 도구로 쓰임 받기를 원합니다. 그런데 그에게 나타나 있는 열매는 가시와 엉겅퀴이지 결코 아름다운 열매가 아닙니다. 원인이 무엇입니까? 심은 대로 거두는 것이 자연의 법칙일 뿐 아니라 하나님 나라에서도 적용되는 원리인데 저 형제가 그동안 어떤 씨를 심었습니까? 주님의 뜻을 거스르고 무언가 불순종을 하고 있는 것입니까? 그의 영혼을 돌보며 섬기라고 보내셨으니 저에게 알려주셔서 문제 해결을 받게 하옵소서."

한참 후에 성령의 세미한 음성이 들려왔다. "징계 때문이다. 그동안 나의 소유를 도둑질해 왔느니라." 하나님께 다시 질문했다. "그러면 그 죄로 말미암아 어떤 징계를 허락하셨는지요?" 주님은 징계의 결과를 환상으로 보여주시면서 말씀하셨다.

첫 번째는 그의 아들이 얼굴을 찡그리며 울고 있는 장면이었다. 그동안 형제의 아들은 주의력 결핍증과 행동 과잉장애로 고통을 받고 있었는데, 그것은 어디서나 정해진 규칙을 잘 따르지 못하는 돌출행동으로 주변을 어렵게 하는 정신과적 문제다. 주님은 부모 때문에 아들이 희생하고 있다는 것이다.

두 번째는 그 형제 얼굴의 오른쪽 광대뼈 부위에 두드러지게 불룩 튀어 나온 종양 같은 것이 있었는데 바로 본인의 질병을 의미한다. 그는 젊은 나이에 오랫동안 성인병으로 불편을 겪어왔다. 심한 상태는 아니었지만, 신경이 쓰일 정도로 그의 생활에 부담을 주고 있었다. 시간이 흐를수록 그 질병은 진전될 것이고, 전염병이라도 감염되면 심각한 후유증으로 고통을 받을 것이며, 하나님이 보호해 주시지 않으면 치명적인 결과를 초래할 수도 있을 것이다.

세 번째는 그의 비즈니스가 점점 쪼그라들고 있었다.

콸콸 나오던 수돗물의 물발이 서서히 약해져 이제는 졸졸 거리며 나올 정도로 수압이 약해져 있었다. 경기 탓이 아니라 불순종에 따라오는 물질의 곤고함이었다. 오랫동안 하나님의 소유를 가로챈 것에 대한 징계가 그의 삶의 전반에 걸쳐 나타나고 있는 현상이다. 주님께 다시 질문을 했다. "그렇다면 어찌 해야 합니까? 그가 무엇을 해야 징계에서 벗어날 수 있습니까?" "회개하고 변상해야 한다. 전액을 갚아야 한다."

그는 말씀 지식도 많고 교회를 소중히 여기며 하나님을 사랑하는 형제였지만 십일조에 대한 확고한 개념을 갖고 있지 않았다. 십일조와 헌물은 복과 은혜의 조건이 되기도 하지만, 징계와 저주의 원인이 되기도 한다. 내 수입의 십 분의 일은 하나님의 소유다. 그것을 내가 사용하는 것은 하나님의 소유를 도둑질하는 것임을 성경은 분명히 말한다. 그러므로 믿는 자가 함부로 십일조를 건드리는 것은 우매한 짓이다. 말라기 3장 9절은 하나님의 소유를 도둑질한 자들이 저주를 받는다고 기록하고 있기 때문이다.

율법을 초월한 믿음의 십일조

많은 사람들이 십일조에 대해 논쟁을 한다. 요즘에는 유튜브에 십일조가 폐기되었다는 주장들이 난무하여 많은 그리스도인들을 혼란스럽게 하고 있다. 그러나 성경 어디에도 십일조가 율법의 산물이기 때문에 폐기되었다는 말은 없다. 십일조는 율법이 있기 전부터 있었고, 예수님께서 승천하신 후의 복음시대에도 있었으며, 중세 시대를 거쳐 지금까지 멈춘 적이 없는 거룩한 하나님 나라의 제도이다. 예수님은 국가에 세금을 바쳐야 하며 십일조를 비롯한 하나님의 것은 하나님께 바쳐야 한다고 하시면서마 22:21, 외적인 십일조 규례는 철저히 지키면서 더 중요한 규례의 내적 정신을 외면한 바리새인들의 십일조 행위를 책망하셨다마 23:23.

십일조는 율법을 받은 모세보다 오백여 년 전에 살았던 믿음의 조상 아브라함이 시작했다. 하나님의 도우심으로창 14:20, 적과의 전쟁에서 승리한 아브라함은 적이 노략질해 갔던 재물을 모두 찾아가지고 개선한다. 그때에 살렘 왕 멜기세덱이 떡과 포도주를 가지고 아브라함을 영접하여 그에게 축복했고, 아브라함은 전리품 가운데 십분의 일을 멜기세덱에게 바친다창 14장. 이것이 십일조의 시작이요, 십일조의 뿌리다.

히브리서 7장은 아브라함보다 높은 멜기세덱을 의의 왕이요, 평강의 왕이며, 하나님의 영원한 제사장이신 그리스도의 모형으로 언급하고 있다. 아브라함의 존재와 행적은 육적으로만 볼 것이 아니라 영적인 눈으로도 보아야 한다. 아브라함은 육적으로 이스라엘인의 조상이지만, 영적으로는 그리스도인의 믿음의 조상이다갈 3:29.

아브라함이 이삭을 제물로 바친 모리아 산은 갈보리 산의 그림자였고, 이삭을 대신하여 바쳐진 어린양은 만민의 대속물로 죽으신 주 예수님의 모형이었으며, 멜기세덱이 아브라함을 위해 준비한 떡과 포도주는 생명의 떡이신 그리스도의 살과 언약의 피를 상징하며, 주님의 살과 피로 구성된 구원의 복음을 예표한다. 이렇게 아브라함과 그의 행적과 그와 관련된 일에는 다양한 영적 의미를 담고 있다는 것을 알아야 한다.

아브라함의 십일조를 이해하기 위해 이 세상에 대해 좀 더 깊이 알 필요가 있다. 아담을 속임수로 패배시킨 사탄은 아담이 하나님으로부터 위임받은 이 세상의 소유권과 통치권을 노략질해 갔다. 사탄이 천하만국을 보여주며 자기에게 경배하면 그 모든 것을 주겠다고 예수님을 유혹한 것이나마 4:8-9, 예수님께서 사탄을 세상 임금으로 표현하신 것요 14:30은 이 세상은 사탄의 지배 아래 있음을 의미하는 것이다. 천하만국으로 일컫는 이 세상 안에는 사람도, 재물도, 권세도 모두 들어 있다.

회개하고 예수를 믿는 것은 흑암의 권세가 지배하는 세상에서 하나님 나라로 이적移籍한 것을 의미하며골 1:13, 하나님 나라로 옮겨온 성도는 그 순간부터 그리스도 안에서 사탄과의 영적 전쟁에 돌입하게 된다. 그러므로 성도가 전도하는 것은 영적 전쟁에서 승리하여 사탄이 노략질해간 영혼을 되찾아 오는 것이며, 성도가 재물을 얻는 것 역시 영적 전쟁에서 승리하여 사탄이 노략질해간 재물을 되찾아오는 것이다. 그리스도 밖에 있는 죄인들이 재물을 얻는 것은 그들의 임금인 사탄에게서 받는 것이지만, 그리스도 안에 있는 성도가 재물을 얻는 것은 사탄이 노략질해간 것을 도로 찾아오는 것이다.

강한 자 사탄에게서 재물을 늑탈해오는 것은 더 강하신 하나님의 도우심이 없이는 불가능하다. 이를 인정하고 빼앗긴 것을 되찾아온 승리의 증거물인 전리품에서의 십일조 개념을 보지 못하고, 내가 번 돈의 일부를 헌금으로 드린다고 생각하니 갈등이 생기는 것이다.

  이러한 믿음과 언약의 십일조가 한시적인 율법에 성문화되었을 뿐이다. 모세의 율법을 지켜서 의롭게 되는가? 아니다. 믿음으로 의롭게 된다창 15:6. 누구나 주 예수 그리스도를 믿음으로 의를 얻어 구원을 받는 것이다. 구약도, 신약도 구원의 원리는 동일하다. 신약시대의 그리스도인은 모세의 율법을 따르는 자들이 아니라, 아브라함의 믿음을 따르는 아브라함의 영적 자손들이다. 그러므로 신약 성도가 드리는 믿음의 십일조를 율법에 국한시켜 폐기 운운하는 것은 옳지 않다.

  언약과 믿음의 권위가 나중에 온 율법의 권위보다 더 크며, 한시적인 율법이 항구적인 믿음의 언약을 파기할 수는 없다. 히브리서 기자는 십일조의 기원과 원리를 설명하면서, 레위인들은 율법에 따라 십일조를 받았지만, 아브라함의 허리에 있었던 레위인조차도 아브라함과 함께 십일조를 바친 자들이라고 말하며 십일조의 근원이 아브라함에게 있음을 밝히고 있다히 7:9-10.

구약의 제사법과 레위인 제사장의 사역은 끝이 났다. 그렇다면 예수님 이후에 드려진 십일조는 누구에게 주어졌을까? 당연히 예수님의 십자가의 죽음과 부활을 전하는 복음의 일꾼들과 가난한 자들에게 주어졌다. 그러므로 가난한 자들이 있고, 그리스도의 교회가 존속하는 한, 복음의 일꾼들이 복음사역을 감당하는 한 십일조는 폐기될 수도 없고, 폐기되어서는 안 되는 것이다.

사도 바울은 그리스도의 군사들이 보수를 받는 것이 너무 당연함을 이렇게 말한다.

> "누가 자기 비용으로 군 복무를 하겠느냐 누가 포도를 심고 그 열매를 먹지 않겠느냐… 성전의 일을 하는 이들은 성전에서 나는 것을 먹으며 제단에서 섬기는 이들은 제단과 함께 나누는 것을 너희가 알지 못하느냐 이와 같이 주께서도 복음 전하는 자들이 복음으로 말미암아 살리라 명하셨느니라"(고전 9:7, 13-14).

교회의 지체들은 복음의 일에 전념하는 목회자들을 재정적으로 부양할 의무와 책임이 있다는 말로 여전히 십일조와 헌금을 드려야 함을 언급한 것이다. 다만 그것을 율법 아래에 있는 자들과 같이 억지로 드리는 것이 아니라, 은혜 안에 있는 자들답게 즐거운 마음으로 드리라는 것이다. 고린도후서 9장 7절을 보자.

> "각각 그 마음에 정한 대로 할 것이요 인색함으로나 억지로
> 하지 말지니 하나님은 즐겨내는 자를 사랑하시느니라."

즐겨 내라는 이 말을 안 내도 좋다는 뜻으로 오해하여, 하나님 나라 확장의 위대한 일에 불참하는 우愚를 범하는 자들이 있다. 마지못해 인색한 마음으로가 아니라 자원해서 즐거운 마음으로 내라는 이 말의 깊은 의미를 알아야 한다.

속사도들과 개혁자들의 가르침

그러면 교회사를 통하여 십일조가 어떻게 시행되었는지를 살펴보도록 하자. 1-2세기의 교부시대에도 십일조를 바쳐 복음사역에 전념하는 성직자들에게 주었음을 교회사는 기록하고 있다. 교부인 이레니우스 Irenaeus of Lyon, 135-

202는 "유대인들이 십일조를 바쳤는데 은혜 아래 있는 성도라면 소유의 전부라도 주님을 위해 바쳐야 마땅하거늘 십일조를 기쁨으로 드리지 않는다면 이것은 큰 모순이다"라고 말했다.

황금의 입으로 불리어졌던 설교자 크리소스톰John Chrysostom, 349-407은 "십일조를 드리지 않는 자는 유대인보다도 못한 자들이라"라고 말하면서 은혜 아래 있는 신약 성도는 율법 아래 있었던 유대인의 십일조를 능가해야 한다고 가르쳤다.

히포의 성자인 어거스틴San Agustin, 396-430도 십일조의 중요성에 대해 이렇게 말했다. "하나님께서는 성도들에게 유익과 복을 주시기 위해 헌금정신을 가르치신 것이며, 구원받은 그리스도인이 십일조를 태만히 하는 것은 확실히 범죄 행위다."

그러면 종교개혁의 횃불을 들고 교황권의 암흑 속에서 구원의 복음을 찾아낸 마틴 루터Martin Luther, 1483-1546는 십일조에 대해 어떤 견해를 가지고 있었을까? 그 역시 십일조는 하나님의 소유임을 의심하지 않았고 "십일조 폐지를 말하는 자는 도둑이다"라고 말하면서 농민전쟁이 발발하기 전에 "농민들은 곡물의 십일조를 바쳐 그것을 성직자의 사례비로 사용하고, 가난한 자들과 전쟁 중 곤란을 겪는 자들을 위한 비축식량으로 사용하도록 할 것"을 요구했다.

루터의 종교개혁을 이론적으로 뒷받침한 인물로 유명한 요한 칼빈John Calvin, 1509-1564은 "십일조는 성도가 믿음으로 드려야 하는 예배의 한 부분으로 마땅한 것"이라고 주석했다.

십일조를 복잡하게 생각하지 말라. 얻은 수입에서 십분의 일을 구별해서 드리는 것이 십일조다. 곡식이나 과일을 수확했다면 종자 대금, 비료와 농약 구입비, 파종에서부터 추수까지 들어간 인건비 등 제반 경비를 빼고 난 나머지에서 구별한 것이 아니라 단순하게 수확의 십의 일을 드린 것이 '온전한 십일조'Whole Tithe다. 구약 성도들은 3년에 한 번씩 제2의 십일조를 더 드렸다신 14:28. 그들은 하나님께서 그들의 손으로 하는 모든 일에 복을 주시겠다는 약속을 믿고 십일조 생활을 철저히 했던 것이다.

십일조에 대한 개념도 없이 교회를 다니는 사람들도 많고, 은혜 받은 그리스도인이 하나님의 소유를 도둑질한 죄로 고초를 겪으면서도 그 원인을 몰라 곤고함에서 벗어나지 못하는 경우도 많다.

　이 내용을 본서에 기록한 이유는 십일조 폐기론자들의 무분별한 주장으로 혼란스러워하는 그리스도인들에게 도움을 주기 위해서다. 주님께서 문제의 원인을 알려주셔서 그 형제에게 회개할 기회를 주신 것은 하나님의 특별한 사랑과 은혜가 아닐 수 없다.

십일조에 대한 안젤리카의 증언

　스물세 시간 동안 죽은 상태에서 주님께 부르심을 받고 영으로 천국과 지옥을 다녀왔다는 안젤리카 잠브라노 Angelica Zambrano의 간증은 많은 그리스도인들에게 감동을 준다. 그녀는 주님이 오실 때 복음주의 교회에 다니는 교인들 가운데 80% 가량은 땅에 남겨지고, 단지 20% 정도만이 주님께 올라간다는 말로 믿는 자들에게 충격을 준 적이 있다. 복음주의 교회란 로마교와 각종 이단들을 제외한 개신교, 즉 기독교회를 의미한다. 그런데 이런 그리스도인들 중 80%가 주님께 올라갈 수 없다면 이는 매우 심각한 문제가 아닐 수 없다.

　성경 구절이 아니므로 믿고 안 믿고는 개인의 선택 사

항이지만, 요즘의 많은 교회가 죽은 믿음의 소유자들로 채워져 있다는 사실은 부인하기 힘들 것이다. 이 에콰도르인 자매의 증언에도 십일조 이야기가 나온다. 지옥에서 만난 한 남자가 크게 후회하면서 말했다는 내용 일부를 소개한다. 이 체험문은 2010년 1월 4일 오후 11시 50분 두 번째 천국과 지옥 체험을 증언한 내용 중에서 발췌한 것이다.

"주님은 내가 처음 지옥을 경험했을 때처럼 나를 데리고 지옥으로 통하는 터널로 빠른 속도로 내려가셨습니다. 나는 '주님, 무슨 일이 벌어지고 있는 것인가요?'라고 질문했고 주님은 '지옥에서 네게 보여줄 것이 있다'라고 말씀하셨습니다. 우리는 다시 한 번 불길 속을 통해 내려갔습니다….

'주님, 이곳에서 나가고 싶어요. 도와주세요. 주님, 도와주세요'라고 외치는 소리가 들렸습니다. 사람들 중 누군가 '이제 주님의 자비를 베풀어 주소서. 제가 주님의 것을 도둑질했습니다. 이제 다시 그러지 않겠습니다'라고 외치는 소리를 들었습니다. 나는 '주님, 저 사람은 누구이며 왜 주님의 것을 훔쳤다고 말하고 있나요?'라고 여쭈었고, 주님은 그 사람이 누군지 보여 주시겠다고 말씀하셨습니다. 우리는 그의 감방에 들어갔고 일그러진 사람의 모습을 보았습니다. 불길이 열렸고 나는 그가 고문을 받고 있다는 것을 알았습니다. 지옥에 있는 사람들은 모두 가슴에 패를 달고 있었고, 이마에는 666이란 숫자가 있었습니다.

  나는 그 사람에게 '당신은 왜 여기에 있으며 왜 주님에게 용서를 구하고 있나요? 주님의 것을 도둑질했다고 했는데 누구도 주님의 것을 훔칠 수 없지 않나요? 그건 여기서 불가능할텐데 왜 주님의 것을 훔쳤다고 말하지요?'라고 물었습니다. 그 사람은 자신의 이야기를 들려주었습니다. 그는 크리스천 지도자였는데 20년 동안 주님을 알고 지냈습니다. 그러나 그 세월 동안 모든 십일조와 헌금은 목사들을 위해 사용하는 것이라고 생각했습니다. 그러나 지금은 십일조나 헌금이 사람들의 것이 아니라 하나님의 것이라는 것을 알게 되었기 때문에 후회한다고 말했습니다. 그렇기 때문에 자신이 하나님의 것을 도둑질했다고 말한 것입니다. 바로 이 순간, 지구상에는 자신처럼 하나님의 것을 도둑질하는 사람들이 아주 많다고 말했습니다. 그리고 나더러 지구로 돌아가면 십일조와 헌금을 거부하는 사람들에게 하나님의 것을 훔치지 말라고 경고하여 그들이 지옥에 떨어지지 않도록 하라고 말했습니다. 그는 도둑은 천국에 들어갈 수 없다는 말도 잊지 않았습니다… 이 사람은 계속하여 주님께 애원했습니다. '주님, 용서해 주세요'

나는 그 사람에게 '그런데 하나님의 것을 훔쳐서는 안 된다는 것을 알면서도 왜 그렇게 했나요?'라고 물었습니다. 그 사람은 '알았지만 한 번도 순종하지 않았고 내가 너무나도 교만했었습니다…절대로 주님의 것을 도둑질하지 말고 십일조와 헌금은 하나님께 드려야 합니다. 왜냐하면 그것은 사람의 것이 아니라 하나님의 것이기 때문입니다. 우리는 하나님께 드릴 때 우리의 전심을 다하여 드려야 합니다. 그것은 만왕의 왕, 만주의 주께 드리는 것이기 때문이죠. 만약 당신과 당신의 가족의 삶이 정말로 복을 받고 싶다면 절대로 하나님의 것을 도둑질하지 마십시오.'"

교회의 주인은 사람이 아니다

하나님의 소유를 도둑질하는 목회자도 예외는 아니다. 교회에 속한 모든 동산과 부동산은 하나님의 소유다. 교회의 재정에 함부로 손을 댄다거나, 교회당 건물을 이런저런 명목으로 팔아먹는 목사들 역시 하나님 보시기에 도둑이기는 마찬가지다.

어느 목사가 은퇴할 나이가 되었는데 교인들이 몇 명 안 남아 재정적인 여유가 없었다. 그런데 그 교회는 오래전에 매입한 교회당 건물을 소유하고 있었다. 그 목사는 공개적으로 누구든지 자기에게 백만 불을 가져오면 교회 건물을 양도하겠다고 말했고, 주변에 많은 중소형 교회의 목회자들이 그에게 접촉을 한 결과, 그는 자기가 원했던 금액보다 더 많은 액수를 받고 그 교회 건물을 넘겨주었다. 한마디로 그 목사는 하나님의 소유인 교회당 건물을 팔아먹은 것이다.

그는 일부 교인들로부터 영성이 깊은 종으로 알려지기도 했지만, 중요한 것은 사람이 어떻게 보느냐가 아니라 주님이 어떻게 보시느냐 하는 것이다. 그를 위해 기도하던 중 주님은 "그는 나의 종이 아니라 개였다"라고 하시는 것이다. 주님의 소유를 마음대로 처분하여 자기 소유로 삼을 수 있다는 생각 자체가 탐욕스럽고 음흉스런 개와 다르지 않다는 말씀이었다. 하나님의 사람도, 하나님의 종도 아닌, 주님의 개犬로 살고 있는 목회자들이 세상에는 너무나 많다. 잠시 있다가 사라질 거품에 불과한 물질을 더 많이 붙잡으려는 욕심 때문에 불꽃 같은 주님의 눈을 외면하고, 양심의 소리를 억누르며 탐욕을 채우는 일에 분주한 자들이 너무 많은 것이 현실이다.

　교회를 개척할 때부터 많은 고생을 하고, 교회의 구석 구석에 자신의 손길이 미치지 않은 곳이 없을 정도로 그 동안 땀 흘려 이룬 교회에 애착을 갖게 되는 것은 충분히 이해할 수 있다. 그러나 교회는 개인의 소유가 아니라 엄연히 하나님의 소유라는 사실을 잊어서는 안 된다. 일반 회사는 설립자가 소유주이기 때문에 회사의 자산을 소유주 뜻대로 처리할 수 있지만, 교회는 설립자가 주님이시고 목회자는 관리인이기 때문에 교회를 목회자 마음대로 할 수 없다는 사실을 알아야 한다.
　한 사역자가 주님께 직접 들었다면서 반복해서 외치던 말이 생각난다. 장차 주님은 교회 건물을 팔아먹은 자, 교회의 헌금을 제 것처럼 갖다 쓴 자, 평생 다른 여자와 불륜관계를 가진 자, 교회에서는 설교를 하면서 집에서는 자기 아내를 상습적으로 폭행한 자들은 주님께 거절당한다는 것이다. 그런 불의한 자들이 철저한 회개로 돌이키지 않고 죽으면 불못을 피할 수 없다는 말을 기억해야 할 것이다.

우리는 하나님 앞에서 동일한 죄인으로 하나님의 은혜가 없다면 모두가 불못을 피할 수 없는 본질상 진노의 자녀였다. 과거에 살인 죄를 지었어도 다윗처럼 주 안에서 하나님이 받으실 만한 회개를 했다면, 그 사람은 지금 누군가와 불화 가운데에 있으면서 회개하지 않은 교회의 지도자보다 나은 사람이다. 회개하고 예수님께 나온 성도의 과거를 들추어서 안 되는 이유다. 하나님께서 죄를 사해주시고 자녀로 받으셨는데 감히 누가 옳으니 그르니 편론한단 말인가? 그런 사람은 진리에 무지한 자요, 복음을 부인하는 사람이다.

제3부

받으시는 회개

제1장

참된 회개만 받으신다

─────────── 하나님은 정직하고 진실한 회개만 받으신다. 하나님은 사울을 택하셔서 이스라엘의 초대 왕으로 삼으셨다. 그런데 사울은 아말렉을 모두 진멸하라는 하나님의 명령을 어기고 적의 왕을 사로잡고, 가축 중 일부를 끌고 와서 자기는 하나님 말씀에 순종했다고 말했다. 사울의 말이 떨어지기 무섭게 양들의 울음소리가 들려왔다. 선지자 사무엘은 이게 무슨 소리인지를 질문했고, 사울은 그것은 하나님께 희생 제물로 드리기 위해 가져온 것이라고 대답했다. 그때 사무엘은 온 세대 사람들 입에서

회자膾炙되는 "순종이 제사보다 낫다"삼상 15:22라는 유명한 말을 남긴다. 선지자는 사울의 불순종은 하나님 말씀을 버린 행위로, 하나님도 사울 왕을 버리셨다는 두려운 말씀을 전했다.

거짓 회개의 결과

정신이 번쩍 난 사울은 비로소 자기의 죄를 시인한다. 그러나 변명을 덧붙이며 이렇게 말했다.

> "내가 죄를 지었습니다. 주님의 명령과 예언자께서 하신 말씀을 어겼습니다. 내가 군인들을 두려워하여, 그들이 하자는 대로 하였습니다. 제발 나의 죄를 용서해 주시고, 나와 함께 가셔서, 내가 주님께 경배할 수 있도록 해주시기 바랍니다"(삼상 15:24-25, 표준새번역).

사울이 하나님의 명령에 100% 순종하지 못한 이유는 군인들이 두려웠기 때문이라고 변명했다. 하나님의 눈보다는 사람의 눈을 더 무서워했던 것이다. 지금도 이런 설교자들이 많다. 하나님의 눈보다는 사람의 눈을 더 두려워하는 사람들, 하나님께 버림받는 것보다는 사람들에게 버림받는 것을 더 무서워하는 사람들, 그래서 하나님의 말씀을 각색하고 윤색하여 사람들이 듣기 좋은 말로 바꾸어 전하는 사람들이 교회 강단을 차지하고 있다. 그러므로 튼실하게 익어가는 알곡 성도보다는 독성이 강한 가라지와 속이 빈 쭉정이 신자들이 많은 것이다.

사울은 자기의 잘못을 인정하고 비로소 회개를 시작했다. 그러나 그의 회개는 사람을 향한 회개였다. 회개하고 예배를 드리겠으니 원로들 앞에서는 왕으로서의 체면만큼은 존중해 달라는 말은 그가 거짓 회개를 하고 있음을 말해준다. 체면과 자존심의 옷을 벗어버리고, 직분도, 권위도 내려놓고 하나님 앞에 엎드려 통회자복하는 것이 참된 회개다. 하나님께 버림받은 사울에게서 하나님의 성령이 떠나가셨고, 악령이 들어왔음을 사무엘상 16장 14절은 이렇게 말한다.

"여호와의 영이 사울에게서 떠나고 여호와께서 부리시는 악령이 그를 번뇌하게 한지라."

하나님께서 사울을 버리시자 악한 귀신들이 들어와 사울을 괴롭혔다는 것이다. 우리 인간의 몸 안에 '출입문'이 있다는 사실을 많은 사람들이 알지 못한다. 그러나 어느 정도 영적 지식을 소유한 사람에게는 이런 출입문이 빛과 어둠 사이에 존재하고 있다는 것은 알려진 비밀이다.

악령들에게 사로잡힌 사울은 하루도 평안한 날이 없었다. 그는 본래 수줍음과 부끄러움을 잘 타는 사람이었지만, 귀신들에게 사로잡히자 딴사람으로 변했다. 사소한 일에 불같이 화를 내며 상대를 공격하는 사람으로 돌변한 것이다. 함께 식사하던 다윗에게 두 번이나 창을 던지고, 아들 요나단에게도 단창을 던져 죽이려고 할 정도였다 삼상 20:33. 또한 다윗을 도왔다는 이유로 제사장 85명을 살해하는가 하면, 10년이 넘도록 살기를 품고 다윗 추격에 집착하기도 했다. 하루도 평안한 날 없이 살던 사울은 결국 두 아들과 함께 전쟁터에서 비참한 최후를 맞는다.

출입문이 열린 사람

다시 다윗의 이야기로 돌아가 보자. 다윗은 흠잡을 데

가 별로 없는 인물이었지만, 밧세바와의 간음 사건은 그의 일생일대에 지울 수 없는 오점이었다. 앞에서 기술한 것처럼, 다윗은 남의 아내와의 불륜을 은폐하려고 여인의 남편을 간접적으로 살해한 후 장례가 끝난 뒤 그 여인을 자기 아내로 삼았다.

선지자 나단은 하나님께서 그의 죄를 용서하셨기 때문에 그가 죽지는 않겠지만, 그 둘 사이에 낳은 아이는 죽을 것임을 통보하면서 그 이유를 말했다. 하나님의 원수가 크게 비방할 거리를 얻었기 때문이라는 것이다삼하 12:14. 다윗의 죄는 사탄으로 하여금 그를 공격할 권리를 얻게 했다는 것이다.

실제 다윗과 밧세바와의 사이에서 태어난 아기는 질병으로 죽었고, 다 큰 자식들은 서로 칼을 겨누어 압살롬은 암논을 살해하고, 아버지에게 칼을 겨눈 압살롬은 창에 맞아 죽었으며, 솔로몬은 아도니아를 살육하는 등 집안에는 피바람이 그치지 않았다.

한 나라의 임금이 하나님께 불순종하므로 마귀에게 출입문을 열어준 결과는 나라와 가문에 끔찍한 재앙을 불러왔다. 사탄은 거짓과 속임수에 능한 자요, 흉악한 강도다.

사람이 죄를 지어 사탄에게 빌미를 주면 그는 주저하지 않고 부하 귀신들을 풀어 온갖 행패를 자행하며 멸망시키려 달려든다. 예수님께서 "도둑이 오는 것은 도둑질하고 죽이고 멸망시키려는 것뿐이요"요 10:10라고 말씀하신 그대로다.

밤에 현관문을 활짝 열어놓고 잠자리에 드는 사람은 없다. 누구나 현관문을 걸어 잠그고, 그것을 다시 확인한 후에 잠자리에 든다. 만일 당신이 현관문을 열어놓고 잠자리에 든다면 도둑은 물론 길거리에 떠도는 개나 고양이, 혹은 주변을 오가는 야생 짐승들이 들락거려 집안은 엉망이 될 것이다. 마찬가지다. 주님을 믿는 자가 고의로 불순종하는 것은 몸의 출입문을 활짝 열어놓고 악한 영들의 출입을 허용하는 일이다.

하나님 말씀을 전해들은 다윗은 자기의 죄를 시인하고 즉시 바닥에 엎드려 회개하기 시작했다. 그는 먹지도, 마시지도 않은 채 밤새도록 애끓는 마음으로 울면서 통회했다. 늙은 신하들이 왕의 건강을 염려하여 금식을 만류했으나 다윗은 듣지 않았다. 다윗이 회개하는 모습은 사울과는 정반대였다. 그는 사람을 의식하지 않고, 체면도 자존심도 다 내려놓고 오직 하나님만 바라보며 눈물로 애통하며 회개했다.

기준은 죄의 무게가 아니다

다윗과 사울 중 누구의 죄가 더 악했을까? 엄밀히 보면 사울은 99%는 순종했다고 볼 수 있다. 아말렉 종족 가운데 왕 한 명만 살려주었고, 많은 짐승 가운데 일부만 살려서 끌고 왔다. 이에 비하면 다윗의 죄는 대단히 지능적이었고 야비했다. 충성스런 부하의 아내를 빼앗고, 간음 죄에 살인 죄까지 저지른 것이다. 그러나 죄를 지적받았을 때 두 사람은 상반된 자세를 보였다. 사울은 백성들을 핑계로 대며 죄를 변명하기에 급급했지만, 다윗은 주저하지 않고 자기의 죄를 인정하고 회개를 시작했다. 사울은 사람들의 눈을 의식하여 거짓 회개를 했지만, 다윗은 오직 하나님의 눈만 의식하고 엎드려 눈물로 참된 회개를 했다.

다윗이 그때 회개하면서 기록한 시편 6편의 일부를 보자.

"내가 탄식함으로 피곤하여 밤마다 눈물로 내 침상을 띄우며 내 요를 적시나이다"(시 6:6).

그가 죄를 뉘우치면서 얼마나 눈물을 흘렸는지 요를 흠뻑 적실 정도였다는 고백이다. 시편 51편에서 그의 간절한 기도를 들어보자.

> "나의 죄악을 말갛게 씻으시며 나의 죄를 깨끗이 제하소서…
> 하나님이여 내 속에 정한 마음을 창조하시고 내 안에 정직한
> 영을 새롭게 하소서 나를 주 앞에서 쫓아내지 마시며 주의 성
> 령을 내게서 거두지 마소서"(시 51:2, 10-11).

 결국 사울은 하나님께 버림받았고, 다윗은 용서와 함께 왕권까지 보장받았다. 사울이 버림받은 이유는 거짓 회개로 죄 사함을 받지 못했기 때문이며, 다윗이 은혜받은 비결은 참된 회개로 죄 사함을 받았기 때문이다. 두 사람의 운명이 갈린 것은, '누구의 죄가 더 무겁고, 누구의 죄가 더 가벼우냐?'가 아니었다. '누가 참된 회개를 했느냐?'였던 것이다.

 이스라엘 백성들이 역사상 가장 위대한 인물 중 한 명으로 꼽는 모세 역시 살인 죄를 짓고 수배를 피해 멀리 외국으로 도피한 사람이다. 그런데 하나님은 그를 위대한 지도자로 사용하셨다. 바울은 교회를 파괴하며 그리스도인들을 체포하는 일에 앞장섰던 악명 높은 하나님 나라의

원수였다. 그러나 그는 주님을 만나 회개를 했고, 위대한 사도로 쓰임 받는다.

많은 그리스도인들이 복음을 잘못 알고 있다. 누구는 죄가 더 많은 사람이고, 누구는 죄가 더 적은 사람인 줄로 생각한다. 설교를 듣다가도 '이 설교는 김 형제가, 혹은 이 자매가 들어야 하는데 오늘 못 듣게 되어 참 아쉽다'라고 생각한다. 이는 탄광에서 일하는 사람들이 서로 손가락질을 하면서 상대방의 얼굴이 더 검다고 말하는 것과 다르지 않다.

우리는 하나님 앞에서 동일한 죄인으로 하나님의 은혜가 없다면 모두가 불못을 피할 수 없는 본질상 진노의 자녀였다. 과거에 살인 죄를 지었어도 다윗처럼 주 안에서 하나님이 받으실 만한 회개를 했다면, 그 사람은 지금 누군가와 불화 가운데에 있으면서 회개하지 않은 교회의 지도자보다 나은 사람이다. 회개하고 예수님께 나온 성도의 과거를 들추어서 안 되는 이유다. 하나님께서 죄를 사해주시고 자녀로 받으셨는데 감히 누가 옳으니 그르니 폄론한단 말인가? 그런 사람은 진리에 무지한 자요, 복음을 부인하는 사람이다.

문을 닫는 방법

우리 눈으로 볼 수 있는 별들은 지구에서 100광년에서 1,000광년 이상 떨어져 있다고 한다. 빛의 속도인 시속 7억 마일로 1년을 가는 거리를 광년이라고 하는데, 우주는 우리의 이성으로 감이 잡히지 않는 엄청나게 넓은 공간이다. 수많은 은하계들을 넘어 3천 층에 하나님이 계신 하늘나라가 있다. 이런 광대무변廣大無邊한 우주를 성삼위 하나님께서 말씀으로 창조하셨다. 이사야는 하나님의 위대하심을 이렇게 노래했다.

> "보라 그에게는 열방이 통의 한 방울 물과 같고 저울의 작은 티끌 같으며 섬들은 떠오르는 먼지 같으리니… 그의 앞에는 모든 열방이 아무것도 아니라 그는 그들이 없는 것같이, 빈 것같이 여기시느니라 그런즉 너희가 하나님을 누구와 같다 하겠으며 무슨 형상을 그에게 비기겠느냐…"(사 40:15, 17-18).

이런 신비하고도 놀라우신 삼위 가운데 2위격이신 성자 하나님께서 이 땅에 인간으로 오셨다. 하늘과 땅을 그리스도 안에서 다시 통일시키시기 위해, 악한 사탄의 세력을 멸하시기 위해, 당신을 죄와 사망 가운데서 구원하시기 위해, 그리고 어떻게 사는 것이 하나님의 자녀로서 바른 삶인지 직접 본을 보여주시기 위해 오셨다.

30세에 공생애를 시작하시면서 가나의 혼인잔치에서 물을 포도주로 만드신 것이 주님이 베푸신 첫 번째 기적이었다. 그리고 이어서 수많은 병자들을 고치시고 온갖 표적을 보이시면서 메시아 사역을 감당하셨다.

그러나 예수님은 30세에 공생애를 시작하시기 전에는 어떤 병자도 치료하지 않으시고, 철저하게 아버지의 뜻을 따라 움직이셨다. 십자가로 가신 것도 아버지께서 정하신 시간에 가셨고, 사랑하시는 나사로가 죽어 간다는 다급한 기별을 받으셨을 때도 서두르지 않으셨다. 아버지가 정하신 시간이 아니었기 때문이다. 베데스다 연못가에 많은 병자들이 있었지만 주님은 그들 중 한 사람만 고치셨다. 왜 그러셨을까? 아버지의 뜻이었기 때문이다. 많은 사람들이 치료를 위해 기도를 받는다. 그러나 모두가 치료받는 것이 아니라 하나님의 뜻이 있는 자만 치료받는다.

예수님은 이렇게 순종의 삶이 무엇인지 우리에게 몸소 보여주셨다. 사도 바울은 빌립보서 2장 5절에서 우리도 예수님과 같은 마음을 가져야 함을 역설했다. 철저하게 아버지께 순종하는 마음과 자세를 본받으라는 것이다. 왜 순종해야 하는 것일까? 하나님의 뜻을 이루기 위해서이며, 마귀의 개입을 차단하기 위해서다. 사울은 불순종의 죄로 마음의 출입문을 활짝 열어놓은 상태로 마귀에게 지배를 받는 인생을 살았고, 다윗 역시 불순종의 죄로 문을 열어놓으므로 무서운 환난을 겪어야 했지만, 그는 문을 닫는 방법을 알고 있었다.

 많은 사람들이 영적 지식이 부족하여 마귀를 대적하는 방법을 모르고 있다. 어떤 사람은 열심히 기도만 하면 된다고 생각하고, 어떤 사람은 금식을 오래 하면 마귀는 나간다고 생각한다. 또 어떤 사람은 성경구절을 인용하는 것이 마귀를 대항하는 것으로 생각하고 열심히 성경 구절을 큰 소리로 인용한다. 그리고 돌아서서 불순종한다. 마귀가 재미있다고 웃지 않겠는가? 대문을 활짝 열어놓고 도둑은 들어오지 말라고 소리 지르며 기도할 것이 아니라 문을 닫는 방법을 알아야 한다. 철저한 회개로 불순종의 죄들을 버려야 문이 닫힌다. 그리고 하나님 말씀에 철저히 순종함으로 닫힌 문에 빗장을 걸어야 한다.

제2장

용서하는 자의 회개를 받으신다

──────────── 누군가를 용서하지 않는 사람의 회개는 하나님과 상관이 없는 무익한 회개다. 예수님 당시 유대의 랍비들은 이웃을 세 번까지는 용서해야 하지만, 네 번째부터는 용서해서 안 된다고 가르쳤다. 그들은 아모스서 1-2장에 기록된 다메섹과 두로와 에돔, 유다, 이스라엘 등의 서너 가지 죄 때문에 하나님께서 심판을 내리신다는 말씀을 근거로, 하나님도 세 가지 이상의 죄는 용서하지 않으셨는데 인간이 하나님보다 관대할 수는 없다는 생각으로 이렇게 가르쳤던 것이다.

베드로는 한 술 더 떠서 형제의 죄를 일곱 번 용서해주면 족하지 않겠느냐고 예수님께 질문했다. 그는 랍비들보다 더 관대하다는 칭찬을 받을 줄 알았다. 그러나 주님의 대답은 뜻밖이었다.

"네게 이르노니 일곱 번뿐 아니라 일곱 번을 일흔 번까지라도 할지니라"(마 18:22).

제한 없이 용서하라는 말씀이다. 그리스도인은 모두를 용서해야 하는 사람이다. 왜냐하면 억겁같이 많은 죄를 조건 없이 용서받았고, "용서하라"는 주님의 명령을 받은 사람이기 때문이다. 이렇게 '용서'란 기독교 신앙에서 가장 중요한 단어 중 하나인 것이다.

반드시 용서해야 한다

휴가 기간 중에 코스타리카에서 있었던 일이 생각난다. 일상생활에서 벗어나 시간 제한 없이 주님과 마음껏 교제할 수 있는 기회가 생기기 때문에 정기 휴가 기간이 되면 미리 나는 마음이 들뜬 어린아이가 된다. 관광명소를 찾아 구경을 하고, 유적들을 찾아 그 나라 역사의 숨결을 느껴보는 등 과거와 같은 여행 방식에는 이제 흥미가 없고, 비행기 안에서, 자동차 안에서, 혹은 호텔의 한가한 장소에서 주님과 교제하는 시간이 너무 좋기 때문에 휴가철이 가까워오면 그날을 기다리게 된다.

코스타리카에 며칠 있는 동안 콧물도 좀 흐르고, 약간의 감기 기운이 느껴지며 몸이 아픈 것 같기도 하고, 괜찮은 것 같기도 한 이상한 상태가 2-3일 동안 계속되는 것이었다. 주님이 무언가 다루시기를 원하신다는 생각이 들어 깊은 기도에 들어갔다. 주님은 내가 누군가를 용서하지 않고 있다고 하셨다. 마음에 걸린 사람이 없는데 그 상대가 누군지를 알 수 없었다. 그런데 한참 후에 한 사람의 얼굴을 보여주셨다.

몇 년 전에 교회에서 함께 섬기던 한 사람에 대한 분노가 내 마음속에 들어 있다는 것이었다. 6-7년이나 지난 일이 새삼 떠오른다. 나와는 믿음이나 사고나 취향이 전혀 달랐지만, 같은 교단에 소속되어 십여 년 동안이나 속마음을 나누며 지낸 사이였고, 멀리 지방에서 올라와 한 교회에서 몇 개월을 함께 섬기던 목사였다. 교회의 재정 형편이 여의치 못해 물질적인 도움이 되어주지는 못했지만, 주님이 허락하시면 그에게 교회를 맡기고 나는 뉴저지로 가서 새로운 교회를 개척하는 것도 좋을 것이라고 생각하며 기도하는 중이었다.

그런데 어느 날 갑자기 연락도 없이 교회를 안 나오기에 그의 집으로 찾아갔다. 소통이 부족해서 무언가 오해가 생겼으면 대화로 풀면 되고, 섭섭한 일이 있으면 내가 사과할 테니 말해달라고 몇 번을 말해도 그는 속시원하게 대답하지 않았다. 두 번이나 찾아가서 오해를 풀어보려고 했지만 그는 생각을 바꾸지 않았다.

그동안 열악하기 이를 데 없는 생활환경 가운데서 살아가는 이민자들에게 복음을 전해 교회를 개척했기 때문에 참으로 많은 애환을 겪어야 했다. 사소한 일로 시험에 들어 교회를 안 나오는 교인들을 찾아다니는 일이 목회사역의 하나라고 할 정도로 이민교회는 이동률이 많고, 바람을 많이 탄다. 한 교회에서 함께 섬기며 사랑하던 교인이 갑자기 교회를 안 나오면 걱정이 밀려오면서 가슴이 덜컥 내려앉는다. 전화 연락이 안 되어 집으로 심방을 하면 문을 열어주지 않는 사람도 있다. 가슴앓이를 하다가 겨우 만나 달래고 설득해 다시 교회를 나오게 하는 경우도 많다.

주님께서 맡기신 영혼 구원의 사역이기 때문에 온갖 모욕과 헛된 소문에 시달리며 이 일을 하는 것이다. 만일 영리를 목적으로 하는 개인 비즈니스라면 사람이 할 일은 아닌 것 같다. 모든 것을 참고 견디며 이 사역을 하다 보니 신경성 위장장애로 음식을 제대로 먹지 못해 오랫동안 고생을 했다. 교인들은 건강을 위해 소식小食을 하는 줄로 알고 있지만, 사실은 소화를 시키지 못해 음식을 제대로 먹지 못했던 것이다. 믿음이 견고하지 못한 교인들이 어린아이처럼 자주 시험에 드는 것은 이해할 수 있지만, 그들을 돌보며 가르치는 목사의 직분을 받은 사람이 똑같은 행동을 하니 참으로 어이가 없었다.

하나님은 택하신 자를 광야로 이끌어 내신다. 광야는 외롭고 쓸쓸하다. 뱀이나 전갈, 그리고 이름 모를 독충들은 물론 맹금류의 위협도 견뎌내야 한다. 광야생활을 통해 모진 훈련의 과정을 통과하다 보면 비로소 급하고 올곧은 성격이 무뎌지며 체면도, 자존심도, 아집도 깨어지고 부서진다. 그리고 심령이 낮아지고 가난해지며 비로소 주님만 바라보며 종從의 길을 가게 된다. 진리의 말씀을 가르치며 그 말씀대로 살아가는 목양자라면 이 땅에 이해하지 못할 일이 어디에 있으며, 풀 수 없는 오해가 어디 있겠는가? 그러나 그는 자연인의 영역에 묶여 있었다.

비로소 그의 참모습을 보면서 나는 그에 대한 인식을 바꾸어야 했다. 나의 마음을 간파한 한 형제가 나를 위로하면서 이런 말을 한다. "교인들은 다 알고 있었는데 목사님만 모르고 있었던 것 같습니다. 그가 목사님 모르게 교회 식구들을 개별적으로 만나고 찾아다니면서 건드려 보았지만, 한 사람 외에는 그에게 넘어간 사람이 없습니다. 우리 교인들을 끌어내어 교회 개척을 하려는 것 같습니다."

그 후 그는 한 자매를 데리고 나가 교회를 시작했다. 그리고 얼마 후에 교회의 한 형제로부터 전화를 받았다. 나를 모함하는 글이 인터넷에 떠돌고 있다는 격앙된 목소리였다. 인터넷을 열어 보니 갖은 비방과 모함하는 글이 실려 있었다. 불만을 품고 교회를 떠난 사람이 쓴 것처럼 위장했지만, 같은 교회에 몸담았던 사람이 아닌, 외부인이 쓸 수밖에 없는 황당한 내용이었다. 비속하기 이를 데 없는 그 글을 보자 속에서 분노가 올라왔고, 그것이 좀처럼 가라앉지 않았다.

그 후유증은 오랫동안 나를 괴롭혔다. 목회자이기 전에 세상에 이런 종류의 사람도 있다는 것에 실망하면서 지난 과거의 기억들을 지우려고 애썼지만, 좀처럼 그 상흔은 아물지 않았다. 시간에 묻혀 분노는 가라앉았고 병든 영혼에 대한 연민으로 그를 위해 오랫동안 기도했다.

그리고 몇 해가 지났는데 갑자기 주님이 이 문제를 다루신 것이다. "주님, 저는 순수한 마음으로 그를 대했지만, 그는 상식을 벗어난 비인격적인 행동으로 저를 모욕했습니다. 그러나 그를 용서했고, 그 일을 잊은 지 오랩니다." 그런데 주님은 "아니다. 너의 심령 깊은 곳에는 아직도 그에 대한 분노가 남아 있다. 완전히 용서해야 한다."

나보다 나 자신을 더 잘 아시는 주님의 지적이기에 완전한 용서를 위해 다시 기도하면서, 마음속 깊은 곳에 남아 있는 그에 대한 분노를 제거해 주실 것을 간구하면서 며칠을 보냈다. 주님의 도우심으로 이 문제는 해결되었고 몸의 이상 증후는 멎었다. 세월에 묻혀 기억이 무뎌지고 희미해지는 것과 완전히 용서하는 것은 별개의 일이다.

용서하지 않으면 용서받지 못한다

일만 달란트의 비유는 하나의 재미있는 비유 문학이 아니다. 실제로 이렇게 된다는 경고의 메시지다. 사람들은 사실보다 과장하거나 축소하기도 하면서 어떤 목적을 가지고 말한다. 이를테면, 상인이 "이 물건은 밑지고 파는 것이다"라고 말한다면 대부분 싸게 판다는 것에 대한 과장된 표현이다. 젊은 아들에게 "담배를 피우면 폐암에 걸려 일찍 죽으니 담배는 절대 입에 대지 말아라"고 말했다면 이 말 역시 아들의 건강을 생각한 어머니가 과장해서 말한 것이다. 담배를 피우면 폐암 발생 확률이 높은 것은 사실이지만, 담배를 피운다고 모두가 폐암에 걸려 일찍 죽는 것은 아니다.

하나님의 말씀을 이런 식으로 해석해서는 안 된다. 하나님의 말씀은 특별한 목적을 위해 부풀리거나 축소하는 법이 없다.

"하나님이 세상을 이처럼 사랑하사 독생자를 주셨으니 이는 그를 믿는 자마다 멸망하지 않고 영생을 얻게 하려 하심이라" (요 3:16).

예수를 믿어야 영생을 얻는다는 말씀이다. 아무리 선행을 많이 한 사람이라도 예수를 안 믿으면 단 한 사람도 구원받지 못한다. '그렇다는 이야기겠지. 예수 믿을 것을 강조하시기 위해 하신 말씀이겠지'가 아니다. 과장이나 거품이 없는 순도 100%의 순금과 같은 말씀이다. 이것이 하나님의 말씀인 진리의 특성이다. 남을 용서하지 않는다면 하나님께 용서받지 못한다. 예수님은 남의 과실을 용서해 주는 것이 하나님의 용서를 받는 유일한 길임을 이렇게 가르쳐주셨다.

> "너희가 사람의 잘못을 용서하면 너희 하늘 아버지께서도 너희 잘못을 용서하시려니와 너희가 사람의 잘못을 용서하지 아니하면 너희 아버지께서도 너희 잘못을 용서하지 아니하시리라"(마 6:14-15).

용서를 거부한 앙상한 가시나무

그러면 용서하지 않는 자에게 어떤 징계가 임하는 것일까? 첫째는 용서하지 않으면 어둠의 감옥에 갇히게 되고, 악한 영들에게 넘겨진다. 심한 분쟁을 하며 누구를 용서하지 못하는 사람들의 얼굴을 보면 거무스레한 막으로 덮여 있는 것을 볼 수 있다. 눈이 예리한 사람은 그 사람의 영적 상태를 알 수 있다. 그런 자들은 이미 어둠의 감옥에 들어가 있는 사람이다. 그런 자들은 성경에서 옥졸로 표현된 악한 영들에 의해 육체적으로 그리고 정신적으로 고통을 당하고 있는 것이다. 시간이 흐르면 다 해결된다고 생각하는가? 그렇지 않다. 그런 것이 결국 병이 되어 죽는 자리에까지 끌고 간다는 사실을 알아야 한다.

또한 용서하지 않으면 상처를 치료받을 수 없다. 상대를 용서할 수 없는 사람은 이미 자기 마음에 심각한 상처를 입은 상태다. 그것을 그냥 방치하면 그 상처는 점점 깊은 쓴 뿌리가 되어 극심한 고통을 가져온다. 손가락에 입은 상처를 그대로 놔두면 병균이 들어가 상처는 깊어지고 욱신욱신 쑤시며 고통스럽지 않은가? 소독약을 바르고, 항생제가 들어 있는 약을 먹는 등 그 상처를 속히 치료해 주어야 한다.

마찬가지다. 마음의 상처 역시 내버려 두지 말고 치료를 해주어야 한다. 그래야 자유와 평안을 얻을 수 있다. 아무리 상대를 비난하고 미워해도 마음의 상처는 치료되지 않는다. 혼자 바닷가에 앉아 목 놓아 울어도 소용없고, 아무리 세월이 흘러도 저절로 치료되지 않는다. 마음의 상처를 치료하는 약은 하나밖에 없다. 그것이 바로 '용서'라는 특효약이다.

한 자매가 사소한 일로 분노를 참지 못하고 다른 교인을 비난하며 분쟁하는 일이 있었다. 그녀는 담임목사의 화해 권유도 거부하고 분노를 버리지 않고 원한을 품은 채 가족이 모두 교회를 떠나고 말았다. 주님의 몸을 이룬 지체로서 이런 경우에는 반드시 하나님 나라의 법을 따라 조건 없이 용서하고 화해를 해야 한다. 그렇지 않고 거역과 불순종을 반복하면 마음은 완악해진다.

모세를 통해 전해진 하나님 말씀에 계속 불순종한 바로의 마음이 점점 더 완악해졌음을 성경은 기록하고 있다 출 9:7. 마음이 완악해지는 것을 그대로 방치하면 어떻게 될까? 어둠에 묶이게 되어 믿음을 잃고 성령의 감화력은 상실되며 모든 영적 자산을 잃을 수도 있다. 많은 사람들이 교회를 옮기면 이 문제가 저절로 해결되는 줄 알고 있다.

그 자매는 다른 지체의 마음에 큰 상처를 입히고, 자기 자신도 깊은 상처를 입은 채 용서를 거부하고 스스로 어둠의 감옥을 택했다. 주님은 그들이 작은 화분 속에 심겨진 앙상한 가시나무와 같이 삭막하기 이를 데 없는 삶을 살게 될 것이라고 말씀하셨다. 시냇가에 심겨진 과일나무처럼 때를 따라 탐스런 과일을 맺으며 사는 인생과 작은 화분 속에서 날카롭고 뾰족한 가시나무로 살아가는 인생을 비교해 보라! 어떤 인생을 살 것인가는 스스로의 선택에 달려 있다. 주님은 쓸모없는 가시나무의 종말은 결국 불 아궁이라고 경고하셨다 마 7:19.

어둠의 감옥을 열 수 있는 유일한 열쇠는 바로 용서다. 가시나무가 과일나무로 바뀔 수 있는 유일한 길 역시 용서와 화해다. 악취가 코를 찌르는 쓰레기 봉지를 마치 보물인 양 품에 안고 사는 사람이 있다면 그 사람은 정신적인 문제가 있는 사람일 것이다. 미움과 원한은 오래 간직해야 할 금, 은, 보석이 아니라 빨리 버려야 하는 쓰레기요, 악취 나는 오물이다. 그것을 마음에 품고 있지 말고 속히 버려야 한다.

"내 눈에 흙이 들어가도 나는 그를 용서할 수 없어요"라고 단호하게 말하는 사람도 있다. 용서를 거부하는 것은 상대에게 복수하는 것이 아니라 자신을 해치는 우매한 짓이다. 그것은 자기 자신을 어둠의 감옥에 가두는 일이고, 어둠의 영을 불러 자신을 고문케 하는 일이며, 가시나무 인생을 선택한 행동이다. 주님과 좋은 관계를 갖기 원하는가? 영생의 복락을 누리기 원하는가? 건강과 평안 속에서 살기를 원하는가? 그렇다면 회개하라. 그리고 원수를 조건 없이 용서하고 관계를 회복하라.

제3장

받으시되 대가를 치르는 회개가 있다

회개로 용서를 받지만 대가도 받는 경우가 있다. 신앙이 어린 사람의 죄와 진리를 알고 은혜를 체험한 자의 고의적인 죄는 다르다. 이들이 각자 자기의 죄를 회개했을 때 하나님은 전혀 다르게 반응하신다. 이해를 위해 다윗의 경우를 좀 더 살펴보자. 다윗은 용맹한 장수요, 지혜로운 왕이요, 뛰어난 시인이자 찬양 연주자였다. 그러나 다윗이라는 인물의 진면목은 그의 깊은 신앙에서 찾을 수 있다. 그는 하나님께로부터 "내 마음에 맞는 사람이라. 내 뜻을 다 이루리라"행 13:22는 칭찬을 들을 정도로 하나님 중심으로 살았던 사람이다.

그런데 어느 날 다윗은 자기 나라가 강성한 통일왕국이 된 것은 자기의 출중한 지혜 때문이라고 생각하게 된다. 잘 조직된 군대와 뛰어난 전술, 그리고 왕에게 목숨 걸고 충성하겠다는 참모 장수들이 있기 때문에 그동안 연전연승했으며, 나라를 이만큼 부강하게 만든 것은 자신의 탁월한 통치력 때문이라는 자부심으로 가득했다. 그래서 군사령관 요압에게 군대의 숫자를 파악하도록 지시했는데, 군병의 숫자가 무려 157만 명이나 된다는 보고를 받고 그는 크게 만족해했다.

하나님은 영광을 나누지 않으신다

다윗의 중심을 보신 하나님께서 진노하셨다. 그동안 전쟁에서 승리한 것과 부강한 나라가 된 것, 그리고 견고한 왕권을 확립한 것은 하나님께서 베푸신 은혜의 산물이었다. 다윗이 오늘 누리고 있는 모든 복은 하나님께서 주신 것이다. 그런데 그는 은혜를 잊고 모든 것을 자기 힘과 능력으로 이룬 것으로 착각하고 있었던 것이다. 자만에 빠져 하나님의 영광을 훔치는 배은망덕한 죄를 저지른 것이다.

혹시 "나는 그래도 남보다 더 선량하게 살았고, 남보다 더 의롭고 양심적이기 때문에 선택을 받았고 구원을 받았다"라고 착각하는 사람이 있는가? 우리는 하나님 앞에 내세울 만한 어떤 자격이나 조건이 없다. 내세울 것이 있다면 죄와 허물뿐이며, 어리석음과 무능함밖에 없다. 오늘날 내가 구원의 은혜 안에서 살게 된 것은 전적인 하나님의 은혜요, 주 예수님의 십자가 공로 때문이다. 구원에 있어서 나의 공로는 하나도 없다.

교만은 패망의 선봉이다

가장 무서운 죄 중 하나는 바로 '교만'이다. 지혜롭게 창조된 루시퍼가 교만 때문에 타락하여 사탄이 되었고, 하나님처럼 지혜롭게 된다는 말에 속아 아담 부부가 범죄하고 타락했다. 은혜받아 기쁨과 감사로 교회생활을 잘하던 사람들이 교만 때문에 실족하고 넘어지는 것을 그동안 많이 보았다. 내 생각이 더 옳고, 내 양심이 더 바르며, 내 믿음이 더 낫다는 생각으로 믿음생활 하는 사람들이 많다. 이런 교만 때문에 사랑해야 할 형제를 사랑하지 않고, 화해를 거부하며, 하나님께서 인도하신 교회를 함부로 이탈한다.

왜 이런 교만에 빠지는 것일까? 본래 교만한 자로 태어나기 때문일까? 아니다. 다윗의 경우를 보면, 다윗은 담대하고 용감한 사람이었지만 교만한 사람은 아니었다. 자신감과 담대함은 교만과 다르다. 그런 그가 잠시 받은 은혜를 망각하고 '자기 의'에 사로잡혀 있을 때 사탄이 그것을 충동시켜 교만의 함정에 빠뜨린 것이다. 역대상 21장 1절은 이렇게 말한다.

> "사탄이 일어나 이스라엘을 대적하고 다윗을 충동하여 이스라엘을 계수하게 하니라."

사탄이 다윗을 충동질했다는 말에 주목하라. 자존심이 강한 사람은 주로 교만을 자극하여 죄를 짓게 만들고, 이성에 약한 사람은 음란을 자극시켜 죄의 함정에 빠뜨리며, 돈에 애착이 많은 사람에게는 탐심을 자극하여 돈의 노예로 만들기도 한다. 또한 마음에 상처가 많은 사람을 자극하여 미움과 원망의 죄에 빠지게 만든다. 그러므로 죄의 배후에 악한 세력이 있다는 사실을 잊지 말고 항상 자신의 약점을 경계해야 한다.

　죄에는 징벌이 따라온다. 하나님은 주의 종 '갓'을 다윗에게 보내셔서 죄에 대한 징벌을 통고하셨다. 3년의 가뭄, 3개월을 적에게 쫓기는 일, 혹은 3일 동안의 전염병 중 하나를 택하라는 것이었다. 하나님의 음성을 들을 수 있는 하나님의 사람이 옆에 있으면 재앙의 원인을 알 수 있다. 그러나 대부분은 갖가지 재앙들이 무슨 죄로 인해 오는 것인지 알지 못한 채 고통을 받는다. 다윗은 3일간의 전염병을 택했고 3일 동안 무려 7만 명의 백성이 죽어나갔다. 이것이 바로 지도자를 위해 기도해야 하는 이유다.

　다윗은 비로소 정신이 번쩍 났다. 그 역시 믿음의 성도요, 선지자요, 한 나라의 왕이었지만, 하나님의 종이 전한 말을 하나님의 음성으로 듣고 그 앞에 무릎을 꿇고 회개하기 시작했다대상 21:8. 다윗이 눈물을 흘리며 하나님께 자기의 죄를 회개했지만, 죄의 대가는 참혹했다. 신앙이 어린 사람이 회개하면 용서받을 수 있는 죄라도, 장성한 믿음의 사람이 동일한 용서를 기대해서는 안 된다. 믿음이 성장한 자에게는 더 많은 책임이 요구되기 때문이다.

그러면 믿음이 성장하지 않는 것이 더 좋을까? 당연히 아니다. 성장한 사람에게는 더 무거운 책임이 따르지만, 반면에 더 많은 은혜와 특권이 주어지기 때문이다. 부모가 장성한 자녀에게는 재산을 물려주지만, 나이 어린 자녀에게는 재산을 물려주지 않는 것처럼 장성한 자가 받는 은혜의 분량은 다르다. 반면에 책임과 의무의 분량 또한 다르다.

다윗이 회개하고 예배를 드린 후에 재앙이 멈추었고, 하나님은 불로 응답하셨다대상 21:26. '회개'란 이렇게 은혜받는 전제조건이다. 잘 믿는다고 생각했는데 심각한 질병으로 고통을 받고, 범사에 막힘 때문에 고생을 하며, 자녀들의 문제가 심각하고, 영적 결박이 풀어지지 않아 답답한 경우가 많다. 심각한 죄의 문제가 있는지를 먼저 살펴보고 회개할 것을 찾아 회개해야 한다. 회개는 천국 문을 여는 열쇠지만 문제 해결의 열쇠가 되기도 한다.

그러나 회개가 마치 모든 죄의 색깔을 하얗게 만드는 표백제와 같은 기능을 가진 것으로 오해해서는 안 된다. 진리를 아는 자가 고의로 범죄하고 회개하면 죄 사함은 받을지라도 죄에 대한 대가는 따라온다는 사실을 잊지 말라. 이는 마치 화상火傷을 입은 사람이 병원에서 치료받아 생명엔 지장이 없어도 화상의 고통과 흔적은 남는 것과 같다고 할 수 있다.

성경을 보면 믿음의 인물들은 하나같이 회개한 사람들이라는 사실을 발견하게 된다. 산상수훈에도 "애통하는 자는 복이 있나니 저희가 위로를 받을 것이요"라고 주님은 말씀하셨고, 베드로도, 바울도 전도 여행을 다니면서 하나님 앞에서 회개하라고 외쳤다. 천국은 회개한 자에게 임한다는 뜻이고, 자기가 죄인이라는 사실을 인식하지 않는 한 복음은 의미 없는 것이라는 뜻이기도 하다.

제4부

회개의 결과들

제1장

회개는 겸손한 사람을 만든다

─────────── 예수님 당시의 바리새인과 서기관들처럼 신앙생활을 열심히 한 사람들도 드물다. 그러나 그들 대부분은 멸망하고 말았다. 주님은 율법을 표면적으로 지키려는 그들의 의로는 천국에 갈 수 없다고 말씀하셨다 마 5:20. 그들은 열심히 신앙생활을 했지만, 참된 회개를 하지 않으므로 마음의 변화도 없었고, 삶의 변화도 없었다.

예수께서 비유로 드신 '바리새인과 세리의 기도'는 이를 말해준다. 바리새인의 기도 내용을 들어보자.

"하나님이여 나는 다른 사람들 곧 토색, 불의, 간음을 하는
자들과 같지 아니하고 이 세리와도 같지 아니함을 감사하나
이다 나는 이레에 두 번씩 금식하고 또 소득의 십일조를 드리
나이다"(눅 18:11-12).

그는 자기의 의義를 자랑했고, 옆에 있는 세리를 정죄했
다. 반면에 세리의 기도는 달랐다.

"세리는 멀리 서서 감히 눈을 들어 하늘을 쳐다보지도 못하
고 다만 가슴을 치며 이르되 하나님이여 불쌍히 여기소서 나
는 죄인이로소이다"(눅 18:13).

죄의식이 가득한 세리는 감히 머리를 들고 하늘을 쳐
다보지도 못하고 고개를 떨군 채 눈물로 하나님께 용서를
구했다. 바리새인은 회개할 줄 모르는 자칭 의인이었고,
세리는 회개할 줄 아는 진짜 죄인이었다. 누가복음 18장
14절에서 하신 주님의 말씀을 들어보자.

"내가 너희에게 이르노니 이에 저 바리새인이 아니고 이 사람
이 의롭다 하심을 받고 그의 집으로 내려갔느니라 무릇 자기

를 높이는 자는 낮아지고 자기를 낮추는 자는 높아지리라."

그래서 교만은 패망의 선봉先鋒이다잠 16:18.

값싼 복음의 영향 때문이다

왜 많은 사람들이 생명이 없는 기복신앙에 머물러 있는 것일까? 왜곡된 복음에 기만당하고 있기 때문이다. 그들은 "예수 믿으면 복을 받습니다. 믿기만 하면 사업이 잘 되어 돈도 많이 벌고, 자녀가 잘 되고, 질병도 치료받으며, 예수를 믿는다고 한 번만 고백하면 영원히 구원이 보장됩니다" 등의 복음 아닌 복음을 믿고 있기 때문이다. 그러므로 죄가 여전히 그들 속에서 왕 노릇 하며 그들을 지배하고 있다.

예수님이 이 땅에 오신 목적이 무엇인가? 죄 때문에 멸망 받을 수밖에 없는 우리를 구원하시기 위해 오셨다. 회개하고 예수님을 믿으면 영원한 멸망에 이르지 아니하고 하나님 나라에서 영생을 누리게 된다. 이것이 예수를 믿는 주목적이다.

그런데 많은 사람들이 다른 목적을 가지고 교회에 나오기 때문에 회개도 없고, 죄 사함도 없고, 구원도 얻지 못한 상태로 종교생활을 한다. 또한 어떤 사람은 교회를 다니며 현실적인 문제들이 해결되지 않는다는 이유로 하나님의 실존 자체를 의심하고 교회를 떠나간다. 그러므로 설교자들은 죄인들이 서 있는 현재의 자리와 위치를 정확히 지적해주고, 그들의 처지가 얼마나 비참한지를 가감 없이 전해주어 그들을 회개의 자리로 인도해야 한다. 그러므로 그들이 주 예수님의 보혈로 죄 씻음 받고 말씀에 순종함으로 악한 영들의 결박에서 벗어나 참 자유를 누리도록 해야 한다. 이를 외면하고 듣기에 달콤한 기복신앙으로 교인들을 미혹하는 일은 이제 멈추어야 한다.

하나님은 사도 바울의 입을 통해 불법을 행하는 자는 버림을 받는다고 하셨다. 하나님 나라에 들어가려면 진실한 회개로 죄가 자신의 몸에서 군림하지 못하게 해야 한다. 많은 그리스도인들이 살인, 간음, 마약 중독 같은 죄는 지옥에 간다고 생각하면서 교회에서 형제자매를 미워하고 시기와 질투로 분쟁하는 죄는 가벼운 죄로 대수롭지 않게 생각한다. 그러나 이런 죄도 당신의 구원에 미치는 영향력은 동일하다는 사실을 알아야 한다.

존 비비어가 받은 주님의 말씀을 하나 인용한다.

"나에게는 더 큰 죄인도, 더 작은 죄인도 없다. 야고보서 2장 10-11절을 묵상해보라. 내 눈에는 이 세상에서 가장 극악한 범죄자나 한 번 거짓말을 한 사람이나 모두 동일한 죄인으로 보인다. 죄인들의 운명은 모두 동일하게 지옥행이다."

거짓 선지자의 말을 믿지 말고 하나님 말씀을 가감 없이 믿으라.

말씀을 아는 것이 믿음인가?

많은 그리스도인들이 말씀을 아는 것이 믿음인 줄로 착각한다. 아니다. 말씀에 순종하는 것이 믿음이다요 3:36. 많은 그리스도인들이 예수님을 구주로 고백하기만 하면 세상에서 자기가 원하는 대로 살아도 무방하다고 생각한다. 그러나 말씀을 듣고 행하지 않는 자는 그 집을 모래 위에 지은 어리석은 자와 같다는 주님 말씀의 의미를 알아야 한다. 말씀을 듣기만 하고 실제로는 정욕을 따라, 세속을 따라 사는 사람은 믿음으로 사는 사람이 아니다.

어떤 사람은 이렇게 말한다. "나도 과거에 주님을 뜨겁게 믿었습니다. 사는 것이 바빠 믿음생활은 못하지만, 구원은 받았으니까 더 이상 바랄 것은 없습니다." 또 어떤 사람은 이렇게 말한다. "교회가 다 세속화되어 다닐 교회가 없습니다. 그래서 교회생활은 하지 않지만 나는 주님을 사랑합니다." 그들은 뭔가 착각하고 있는 게 분명하다. 그들은 과거에 믿은 적이 있던 사람이지, 지금 믿는 사람이 아니다.

한 번 믿으면 구원은 영원히 보장되는가? 잘 알아야 한다. 과거에 잘 믿었어도 지금 안 믿으면 소용이 없고, 과거에 안 믿었어도 지금 잘 믿으면 생명을 얻는다. 믿음은 항상 현재 진행형이어야 한다. 하나님의 말씀을 들어보자.

> "만일 의인이 돌이켜 그 공의에서 떠나 범죄하고 악인이 행하는 모든 가증한 일대로 행하면 살겠느냐 그가 행한 공의로운 일은 하나도 기억함이 되지 아니하리니 그가 그 범한 허물과 그 지은 죄로 죽으리라"(겔 18:24).

말씀을 기억하는 것을 믿음으로 착각하지 말라.

회개는 해도 좋고 안 해도 그만인 선택사항이 아니다. 살려면 반드시 해야만 하는 필수사항이다. 시편 51편 1-3절에서 한 다윗의 고백이다.

"하나님이여 주의 인자를 따라 내게 은혜를 베푸시며 주의 많은 긍휼을 따라 내 죄악을 지워주소서 나의 죄악을 말갛게 씻으시며 나의 죄를 깨끗이 제하소서 무릇 나는 나의 죄과를 아오니 내 죄가 항상 내 앞에 있나이다"(시 51:1-3).

이 구절에는 죄악, 죄과, 죄라는 세 가지 단어가 나온다. '죄악'罪惡, transgressions이란 무엇일까? 일그러진 행위, 비뚤어지고 어긋난 행위 등을 말하는데 일그러진 우리의 자아가 하는 일이다. 남이 잘 되면 배 아파하는 시기심, 형제가 칭찬을 받으면 은근히 기분이 상하는 질투하는 마음 등 이런 일그러진 마음과 비뚤어진 행위를 죄악이라고 하는데 하나님의 거룩한 자녀라면 속히 버려야 하는 악하고 추한 것이다.

'죄과'罪過, iniquity란 양심을 거스르는 마음으로 하나님의 말씀을 가볍게 여기고, 위임된 권위에 반항하는 행위를 말한다. 부모를 거역하고, 국가나 교회 공동체의 지도자를 비난하며 대적하는 등 위임된 권위를 업신여기는 반역 정신이 이에 해당한다. 지식인들이나 자기 의가 강한 사람들 가운데는 이런 죄과를 마음에 달고 사는 자들이 많다.

뛰어난 신유 복음 전도자로 사역했던 미국의 케네스 해긴Kenneth E. Hagin, 1917-2003 목사님의 여동생이 50세에 암에 걸렸다. 그는 여동생의 치유를 위해 간절히 기도했고 하나님은 이렇게 응답하셨다.

"네가 내게 구했으니 네 여동생을 고쳐주겠다. 그러나 그 후에는 그 여인이 무언가를 해야만 할 것이다."

그의 여동생은 치료받았고 주일학교 교사로 일했는데 2년 후에 다시 암이 재발했다. 이번에는 성령님께서 재발의 원인을 좀 더 구체적으로 말씀하셨다.

"네가 라디오 설교를 하는데 네 여동생은 단 한 시간도 네 설교를 듣지 않았고, 너의 책을 한 권도 읽지 않았으며, 너의 테이프 메시지를 한 개도 듣지 않았다. 자기 자신의 믿음을 위해 아무 일도 하지 않으면서 다른 사람을 의지하려고만 했다. 그녀는 5년을 더 살게 될 것이니 너는 더 이상 그 여인을 위해 수고할 필요가 없느니라."

5년 후 그 여동생은 세상을 떠났다.

목양사역을 하면서 말씀을 묵상하고 메시지를 정리하여 신앙에 관한 책을 저술하려면 많은 시간이 필요하다. 하나님의 자녀들에게 생명 양식을 공급하고자 하는 간절한 소원과, 맡기신 사명에 대한 남다른 열정이 없으면 좀처럼 하기 힘든 일이다. 그런데 누구보다도 가까이서 섬겨야 할 그 여동생은 자기 오빠이자 영적 인도자인 해긴 목사님의 사역에 무관심했고, 권위를 무시했으며 자신의 신앙 성장을 위해 아무 일도 하지 않았다. 이런 죄과가 그 여인의 생을 55세로 마감하게 한 것이다.

그리고 '죄'罪, sin란 활시위를 떠난 화살이 과녁을 맞추지 못하고 빗나가는 것이라는 뜻이다. 인간이 하나님의 뜻과는 다른 삶을 살고 있는 것을 말한다. 하나님은 구원하신 자녀들이 하나님의 나라와 하나님의 의를 먼저 구하는 삶을 살라고 명하셨다. 그런데 이 말씀을 벗어나 정욕적인 것, 향락적인 것, 물질적인 것을 항상 먼저 구하는 삶을 살고 있다면 그 사람은 현재 죄 가운데서 살고 있는 사람이다.

제2장

회개는 환난을 멈추게 한다

──────── 회개는 환난을 멈추게 한다. 므낫세는 12세의 어린 나이에 즉위하여 55년간 나라를 다스렸던 유다의 14대 왕이었다. 그는 히스기야의 아들로 어릴 적부터 신앙교육을 받으며 자랐다. 히스기야가 누구인가? 다윗 이후 가장 훌륭한 왕으로 인정받은 유다의 왕이 아닌가? 그런데 그의 아들 므낫세는 유다의 역대 왕 중 가장 사악한 왕이었다. 므낫세는 선왕인 아버지와 달리 하나님을 무시하고 백성들을 우상숭배와 귀신숭배로 내몰며 악한 범죄 행위를 서슴지 않으므로 하나님의 진노를 산 사람이었

다. 그는 아버지 히스기야 왕과 11년 동안 공동통치를 하면서 교육을 받았지만, 아버지의 신앙을 등지고 스스로 불신앙의 길을 택했다.

므낫세의 죄악

그가 어떤 죄를 지었기에 유대의 역대 왕 가운데 가장 악한 왕이라고 하는지 살펴보자.

첫째, 그는 아버지 히스기야가 헐어냈던 산당들을 다시 건축하여 바알의 단을 쌓고, 아세라 목상을 만들었으며 일월성신을 섬기도록 했다.

둘째, 그는 사람을 우상에게 제물로 바치는 인신제사를 했다. 하나님이 금하시는 죄악이다.

셋째, 그는 신접한 무당 박수들을 신임하여 그들이 마음 놓고 귀신숭배를 하도록 했다.

넷째, 그는 자기에게 옳은 말을 하는 선지자들을 잡아 죽였다. 전승에 의하면 선지자 이사야를 톱으로 켜서 죽였다고 전해진다.

다섯째, 그의 결정적인 죄악은 성전의 안뜰과 바깥뜰에 우상의 제단을 세워 하나님을 정면으로 대적하는 행위를 했다.

이 정도면 유대에 살았던 역대 왕 가운데 최악의 왕이라는 사실에 이의를 제기할 사람은 없을 것이다.

오래 참으시는 하나님

당장 문제가 생기지 않는다는 이유로 악한 짓을 계속하는 사람도 있다. 하나님은 죄악을 못 본 척하시는 줄로 착각하는 자들도 있다. 그러나 하나님은 오래 참으실 뿐 악을 외면하시는 분이 아니고, 죄를 그대로 방치하시는 분도 아니다. 시간이 문제일 뿐 죄인에게는 반드시 심판을 가하신다. 하나님 말씀을 들어보자.

"유다의 므낫세 왕이 이러한 역겨운 풍습을 따라 그 옛날 아모리 사람이 한 것보다 더 악한 일을 하고 우상을 만들어 유다로 하여금 죄를 짓도록 잘못 인도하였으므로…내가 사마리아를 잰 줄과 아합 궁을 달아본 추를 사용하여 예루살렘을 심판하겠다 사람이 접시를 닦아 엎어놓는 것처럼 내가 예루살렘을 말끔히 닦아 내겠다"(왕하 21:11, 13, 표준새번역).

줄과 추는 건축할 때 건물의 균형이 맞는지를 재는 도구다. 북이스라엘을 심판하여 멸망시킬 때 사용하셨던 율법을 유다에게도 동일하게 적용시켜 심판하시겠다는 무서운 경고의 말씀이었다.

하나님은 강한 앗수르 군대로 하여금 택한 백성인 유다를 공격하도록 하셨다. 그들은 삽시간에 예루살렘을 점령하고 므낫세 왕을 사로잡았다. 그리고 므낫세를 쇠사슬로 묶어서 바벨론으로 끌고 갔다. 왕자로 태어나 당대 최고의 교육을 받으며 성장했고, 유다의 왕이 되어 온갖 부귀영화를 누리며 천하를 호령하던 므낫세가 아닌가? 고생이 무엇인지도 모르고 살았던 므낫세가 한순간에 적의 포로가 되었고, 가족과 신하들이 보는 앞에서 매를 맞고 짐승처럼 사슬로 묶여 맨발로 끌려간 것이다.

하나님의 백성을 멸망시킨 앗수르나 바벨론 제국의 사람들은 전쟁 포로들을 잔인하고 무자비하게 대한 것으로 정평이 나 있다. 그들이 포로들을 끌고 갈 때는 발목을 끈이나 사슬로 묶어 짧은 보폭으로 걷도록 했고, 가죽 끈에 묶은 갈고리를 턱이나 혀에 꽂았다. 그래서 앞에서 이끄는 대로 따라오지 못하면 그 가죽 끈을 잡아당겼는데, 잡아당기면 혀가 뿌리째 뽑히기도 했고, 턱이 찢어지기도 했다. 이렇게 끌고 온 포로들 중 왕이나 고관들은 정복자 앞에 무릎을 꿇린 채로 날카로운 창으로 찔러 눈을 멀게 했다고 한다. 예레미야 선지자의 경고를 무시하고 그를 박해했던 유다의 마지막 왕이었던 시드기야가 바로 이런 형벌을 받았음을 성경은 기록하고 있다.

진심어린 회개를 받으신다

앗수르의 비문에 주전 648년에 유다를 침공했다는 기록이 나오는 것을 보면, 므낫세가 즉위한 지 49년째 되는 해에 유다는 앗수르의 침략으로 무너졌고, 므낫세는 포로가 되어 끌려간 것이다. 그가 12세 때 왕으로 즉위했으므로 49년째라면 므낫세의 나이는 61세였다. 하나님이 그의 악행을 참으로 오래 참으셨다는 사실을 알 수 있다. 아나니아와 삽비라 부부처럼 악한 행동에 즉시 심판하시는 경우도 있지만, 하나님은 오래 참으시며 스스로 회개하고 돌이키기를 기다리신다. 죄에 대해 하나님의 심판이 없다고 착각하며 살지 말라.

포로로 끌려가던 악인 므낫세의 심경에 변화가 왔다. 자기 아버지가 그렇게 열심히 섬겼던 하나님이 실제 살아 계시다는 것과, 시간이 문제일 뿐 하나님은 반드시 죄에 대해 심판하신다는 것을 비로소 알게 된 것이다. 그는 지나간 일들을 후회하며 눈물로 회개했다. 현재 자신이 받고 있는 무서운 재앙은 그동안 자기가 지은 죄의 대가라는 사실을 깊이 깨달은 것이다.

역대하 33장 12-13절 상반부의 기록이다.

"그가 환난을 당하여 그의 하나님 여호와께 간구하고 그의 조상들의 하나님 앞에 크게 겸손하여 기도하였으므로 하나님이 그의 기도를 받으시며 그의 간구를 들으시사…."

지혜로운 사람은 평상시에 하나님 말씀에 순종하며 은혜 안에서 살지만, 어리석은 사람은 환난을 당하고 매를 맞아야 비로소 깨닫고 회개한다. 그런데 더 어리석은 사람은 매를 맞으면서도 회개를 거부하고 고통 가운데 버티다가 죽는다. 므낫세의 회개를 받아주신 것을 보면, 아무리 악하게 살았어도 하나님은 진심어린 회개를 받아주신다는 사실을 알 수 있다. 그러므로 '얼마나 죄를 많이 지었느냐?' 보다 '얼마나 진심어린 회개를 했느냐?'가 중요하다는 것은 아무리 강조해도 부족하지 않을 것이다. 하나님은 앗수르 왕의 마음을 바꾸셔서 므낫세를 다시 예루살렘으로 돌아가게 하셨고, 그의 왕위를 회복시켜 주셨다. 역대하 33장 13절 하반부는 이렇게 말한다.

> "… 그가 예루살렘에 돌아와서 다시 왕위에 앉게 하시매 므낫세가 그제서야 여호와께서 하나님이신 줄을 알았더라."

이 구절은 므낫세를 예루살렘으로 돌아가게 하신 분은 하나님이셨고, 그의 지위를 회복시켜 주신 분 역시 하나님이셨음을 므낫세가 비로소 깨닫게 되었다는 것을 강조하고 있다.

자녀에게 영향을 끼치는 부모의 신앙

부모가 사랑과 경외로 신실하게 하나님을 섬기면 하나님은 그것을 기억하셨다가 그의 자녀들에게 갚아주기도 하신다. 솔로몬이 범죄했을 때 하나님은 그의 아버지 다윗을 보아서 그가 살아 있는 동안 심판을 유보하신다고 하셨는데, 므낫세의 경우도 그의 아버지 히스기야를 보아서 그에게 살 기회를 주신 것으로 여겨진다. 물론 그가 범한 죄들이 훗날 유다 멸망의 결정적인 원인이 되었지만 말이다.

반면에 부모가 하나님 앞에서 악한 죄를 지으면 하나님은 부모와 자녀에게도 징벌을 가하신다 출 20:5-6. 사울 왕이나 엘리 제사장의 범죄 행위에 대한 저주는 그들은 물론 자손들에게까지 임했으며, 이스라엘의 왕 여로보암과 아합의 죄에 대한 형벌이 그의 자식들에게 임하는 등 부모의 신앙은 자손들에게 지대한 영향을 끼친다.

오십대 초반의 여인이 아들과 함께 교회에 나오기 시작했다. 그런데 그의 아들은 정신질환을 가지고 있었다. 무언가에 대한 두려움을 가지고 있었고, 대인 접촉을 기피하려는 성향이 있어 좀처럼 다른 사람에게 말을 하려 하지 않았다.

그러나 나는 주일마다 그 청년을 불러 성경을 가르치고 기도해 주므로 그는 점차 사로잡힘에서 벗어나게 되었으며, 비로소 입을 열어 그동안 자신이 겪었던 고충을 말했는데 대충 이런 내용이었다. 잠을 자려고 누우면 천장이, 혹은 앞에 있는 TV가 자기에게 다가오는 것 같아 놀라서 일어나기 일쑤였고, 길을 걸을 때 속에서 "앞에서 걸어오는 저 여자가 너를 좋아한다"라는 음성이 들려 자신도 모르게 여자에게 접근했다가 뺨을 얻어맞기도 하고 심한 욕설을 듣기도 했다는 것이다. 때로는 앞에 걸어오는 남자가 너를 죽이려 한다는 소리를 듣고 놀라 순간적으로 차도로 뛰어들다가 사고를 당할 뻔한 경우도 여러 번 있었다고 한다. 그동안 간악한 귀신들에게 고통을 받아 온 것이다.

청년은 점차 안정을 찾아갔고, 이제는 그런 음성이 들리지 않게 되는 등 상태가 호전되어 갔지만, 증세가 완전히 멈추지는 않았다. 안타까운 마음으로 그를 고쳐달라고 간구하던 어느 날, 주님은 나에게 환상으로 그 원인을 보여 주시면서 그것을 처리하라고 하셨다. 그의 부모가 심하게 싸우며 분쟁하는 것과, 각자가 불륜의 상대를 두고 간음죄를 짓고 있는 것이 원인이었다. 청년의 어머니를 불러 조용히 이 사실을 전했고, 여인은 놀라면서 그것이 사실임을 고백했다.

부모의 좋은 신앙이 자식들에게 복의 열매로 나타나고, 부모의 죄악이 자식들에게 고통의 열매로 나타난다는 사실을 잊지 말라.

회개에 대한 잘못된 가르침

주 예수를 믿는다는 그리스도인들은 도처에 많다. 그러나 대부분 명목상의 그리스도인들일 뿐, 진심으로 회개한 참된 그리스도인을 만나기는 쉽지 않다. 주 예수를 입으로 시인만 하면 구원받는다는 피상적인 믿음만 들어왔기 때문일 것이다. 어느 날 이 문제를 놓고 심각하게 기도한 적이 있다.

"수많은 목사들이 영접 기도를 따라 하든지, 기도문을 읽으면 구원받는다고 말합니다. 그리고 자신이 죄인임을 시인하고 주 예수를 믿는다고 고백만 하면 성령이 오셔서 영생을 주신다고 합니다. 이것이 마치 구원의 공식처럼 되어 있는데, 이것이 맞습니까?"

성령께서 짧게 말씀하셨다.

"그렇지 않다. 참된 회개를 해야 한다."

참된 회개란 형식적이고 기계적인 고백이 아니라 자기가 죄인임을 깨닫고, 죄를 뉘우치고 주 예수의 이름으로 하나님께 용서를 구하며 죄된 행실에서 돌이키는 것을 말한다. 자신을 모욕한 사람을 용서하고, 남에게 입힌 피해는 변상하며, 상처를 준 사람을 찾아가 사과하고 용서를 구하는 것이다. 그리고 거짓된 습관이나 음란한 행동, 시기와 질투, 비판과 참소에 익숙한 혀의 습관 등 악한 행실을 버리는 것이 참된 회개다.

처음부터 완전할 수는 없지만 참된 회개에 대한 바른 인식을 가져야 한다. 예수님의 피가 내 모든 죄를 덮었다고 말하면서 뻔뻔하게 죄를 즐기며 사는 사람은 분명 회개한 사람이 아니다. 거듭난 사람도, 구원받은 사람도 아닐 것이다.

한 전직 경찰관이 목사 안수를 받았다. 그는 민주화 운동을 하던 학생들을 잡아 물고문과 전기고문으로 골병을 들게 하고, 반신불수를 만들기도 한 자로 악명을 떨치던 고문기술자였다. 그가 교도소에서 신학을 공부하고 목사 안수를 받은 것이다. 그 후에 그는 언론 인터뷰와 간증 등을 통해 "나는 고문기술자가 아니라 심문기술자였다. 고문은 애국이며, 하나의 예술이었다. 다시 과거로 돌아간다고 해도 똑같이 할 것이다"라는 말을 했다. 그의 이 말이 사회적인 공분으로 비화되자 교단에서는 그의 목사직을 거두고 제명했다.

남의 집 담을 넘어 고급 보석을 도둑질하는 것으로 이

름을 떨쳤던 대도大盜가 목사가 되고, 폭력 세계에서 잔인하기로 소문난 조폭 두목이 목사가 되어 사람들의 관심을 끌기도 했다. 물론 하나님 앞에서 과거를 걸림돌로 삼을 이유는 없다. 철저하게 회개하고 죄 사함을 받아 새사람이 되었으면 누구든지 새로운 인생을 살 수 있고, 하나님께 쓰임 받을 수 있다. 이것이 복음이다.

그러나 문제는 회개다. 그들은 어둠의 과거에서 전향했다고 말했지만, 얼마 지나지 않아 다시 과거로 돌아갔다. 절도, 폭력, 협박, 사기 등으로 경찰에 체포되고 구속되었다. 그들은 자신들이 회개한 적이 없다는 것과, 그리스도인이 아니라는 사실을 스스로의 행동으로 입증해 보인 것이다.

그들을 탓하기 전에 교회가 거짓 회개, 값싼 복음을 심어주었기 때문에 나온 피해자들이 아닌가 생각해 볼 일이다. 복음을 이해하고 동의하는 것을 믿음으로 착각하지 말라. 회개가 빠진 믿음은 죽은 믿음이며, 죽은 믿음에는 아름다운 열매가 없다. 예수님을 자기의 구주로 믿는다고 고백을 했다 해도 현재 죄 가운데 살고 있다면, 그 사람은 사탄의 통치를 받고 있는 죄의 종이다.

로마서 6장 16절은 이렇게 말한다.

"너희 자신을 종으로 내주어 누구에게 순종하든지 그 순종함을 받는 자의 종이 되는 줄을 너희가 알지 못하느냐 혹은 죄의 종으로 사망에 이르고 혹은 순종의 종으로 의에 이르느니라."

사탄의 종인 동시에 주님의 종이 될 수는 없다.

제3장

회개는 구원의 믿음을 얻게 한다

─────────── 성령세례를 받은 후 나는 몇 년 동안 성경 통독과 기도하는 일로 하루 대부분의 시간을 보냈다. 어느 날 저녁, 성경을 읽고 있는데 성령의 감동이 밀려오기에 잠시 눈을 감고 묵상으로 기도를 시작했다. 얼마 후 성령께서 "교회를 다녀도 천국에 들어오지 못하는 다섯 종류의 교인들이 있는데 '지옥 가는 신자'라는 제목으로 설교를 조립하라"고 말씀하시는 것이었다. 성경책을 덮고 세 종류를 써봤다. 첫째는 회개하지 않고 교회를 다니는 죽은 믿음의 소유자, 둘째는 이생에도, 내생에도 용서

가 없는 성령 비방 죄를 지은 자, 셋째는 은혜받고 타락한 배교자…. 이렇게 써 내려가면서 나머지 두 종류는 무엇을 쓸까 망설이고 있는데 성령께서 '이단에 속한 자'와 '거짓 선지자'라고 말씀해 주셔서 이 주제로 설교를 준비한 적이 있다. 목회를 시작하기 전 성경 40회 통독을 마친 직후에 있었던 일이다.

그때 '설교를 조립하라'고 주신 말씀을 나는 설교 구성의 기본으로 삼았다. 설교란 도덕이나 윤리, 시사나 철학 등 다양한 지식을 전하는 것이 아니라, 성경 말씀을 체계적으로 조립해서 전하는 것이다. 그러면 교회를 다니는 교인들 가운데 어떤 사람들이 지옥으로 떨어지는 것일까?

회개 없는 죽은 믿음의 소유자

여기에 한 남자가 있다. 그는 심장 질환을 앓고 있는 환자로 일주일에 한 번씩은 반드시 병원에 갔다 온다. 그런데 그의 질환은 차도가 없었고 증세는 점점 심해져만 갔다. 이유는 그가 병원엔 주기적으로 다녔지만, 진료실 밖에 있는 대기실에 앉아 있다가 돌아오는 일만 반복했기 때문이다. 병원에 갔으면 의사를 만나 진찰을 받고 병의 증세에 합당한 치료를 받았어야 하는데, 병원 대기실만 들락거렸으니 병증이 호전될 수가 없었던 것이다.

주일이 되면 교회에 가는 일만 반복할 뿐 참된 회개를 해본 적이 없는, 그래서 하나님 나라 문밖만 출입하는 수많은 그리스도인들이 바로 이와 같은 사람들이다. 아무리 교회를 오래 다녔어도 회개한 적이 없는 죽은 믿음의 소유자는 한 번도 천국 문 안으로 들어와 본 적이 없는 사람이다. 그런 사람은 하나님의 영으로 거듭난 자도, 산 믿음을 소유한 자도, 천국을 유업으로 받은 자도 아닐 것이다. 오직 교회에 이름만 올린 교인일 뿐이다.

살아 있는 믿음이란 회개하고 주님 말씀에 순종하는 것이다. 이것이 구원의 믿음이다. 이 믿음은 하나님께서 주시는 '선물'이라고 성경은 말한다엡 2:8. 어떻게, 그리고 언제 그 믿음을 선물로 받을 수 있는가? 그리스도에 대한 복음 설교를 들을 때 그 선물을 얻을 수 있다롬 10:17. 그런데 많은 전도자들이 예수님이 구주이심을 입으로 시인만 하면 구원을 얻는다고 말한다. 로마서 10장 10절의 의미를 바로 알아야 한다.

"사람이 마음으로 믿어 의에 이르고 입으로 시인하여 구원에 이르느니라."

하나님의 선물인 믿음이 마음에 들어오면 마음과 행동에 변화가 나타난다. 사람의 마음 안에 들어있는 지知, 정情, 의意가 믿음을 향해 작동하기 시작하기 때문이다. 이를테면 지성적 갈증이 생겨 하나님을 알고 싶은 나머지 성경을 읽고 말씀 설교에 귀를 기울이며 하나님과 예수님이 하신 일에 대한 지식을 넓혀간다.

그리고 감정에도 영향을 주어 십자가에 달리신 주님의 희생에 대한 고통과 슬픔을 느끼기도 하고, 주님의 부활에 기쁨과 환희를 느끼기도 하며, 죄에게 질 때마다 주님을 배신한 자신의 참 모습을 바라보며 애통하며 회개하기도 한다. 또한 의지를 동원하여 열심히 사랑을 실천하고 복음을 전하며, 하나님 나라와 의를 먼저 구하는 생활을 하게 된다. 그리고 주님이 기뻐하시는 나눔과 섬김의 생활을 하게 된다. 개인적인 차이는 있지만 마음속에 믿음이 들어 있는 자에게 나타나는 현상들이다.

이렇게 마음으로 믿는 사람은 그 마음속에 들어있는

믿음이 자연스럽게 입으로, 행동으로 나오게 마련이다. 그러나 마음에 죽은 믿음이 들어있는 사람은 다르다. 쉼 없는 불평과 불만과 함께 남을 흠집 내는 말들이 거침없이 나온다. 말과 행동에 믿음의 흔적이 없는 사람이 믿음을 한 번 고백했다고 해서 구원받는다면 그것은 거짓말이다.

성령 비방 죄를 짓는 자

지옥 가는 신자 중 두 번째 부류는 성령을 비방하는 자다. 예수님이 이 땅에 계시면서 놀라운 표적과 기적을 행하시면서 말씀을 가르치시고, 천국 복음을 전파하시며, 온갖 질병을 치료하시다가, 마지막에는 자기 목숨을 십자가에서 대속물로 내어주셨다. 그런데 가장 경건하다는 바리새인이나 서기관들은 예수님이 행하시는 일들은 귀신의 왕 '바알세불'의 능력으로 하는 일이라고 비난하며 괴롭혔다. 하나님의 성령께서 하시는 일을 말로 비방하는 것이 바로 '성령 비방 죄'다. 그때 예수께서 하신 경고의 말씀을 들어보라.

"또 누구든지 말로 인자를 거역하면 사하심을 얻되 누구든지 말로 성령을 거역하면 이 세상과 오는 세상에도 사하심을 얻지 못하리라"(마 12:32).

그들은 알지 못하면서 안다고 생각했고, 보지 못하면서 본다고 착각하면서 하나님이 하시는 일을 사탄이 하는 일이라고 비방했던 것이다. 무서운 성령 비방 죄를 저지른 것이다. 왜 무서운 죄라고 하셨는가? 회개를 해도 용서를 받을 수 없는 죄이기 때문이다. 예배의 자리에 앉아 말씀 설교를 듣고 옳으니 그르니 판단하지 말라. 특별히 성령으로 충만한 종들이 '주님의 뜻'이라고 강단에서 선포한 내용을 트집 잡고 시비를 걸지 않도록 주의하라. 그것은 성령 비방 죄다.

엘리사를 대머리라고 놀린 아이들 42명이 왜 곰 두 마리에게 찢겨 죽어야 했는지, 그리고 이 사건이 왜 성경에 기록되어있는지 그 이유를 아는가? 왕하 2:23-24 비록 주의 종들이 넘어지는 경우를 보아도 함부로 판단하거나 비방하지 말라. 넘어진 종들을 다시 세우는 권능이 주님께 있기 때문이다 롬 14:4. 성령님은 인간의 상식 안에서 역사하시는 분이 아닌 전능한 하나님이시다. 왜 작은 혀로 자기 인생을 통째로 불사르려 하는가? 성령 비방 죄는 영원히 용서받지 못한다.

믿음을 버리고 타락한 배교자

세 번째로 믿음을 버린 타락한 배교자는 지옥에 간다. 베드로는 믿다가 타락하는 것보다는 안 믿는 것이 차라리 낫다고 말했다. 왜냐하면 나중 형편이 처음보다 훨씬 더 나빠지기 때문이라는 것이다 벧후 2:20. 믿음에서 타락하여 배교를 하면 벌어진 틈을 마귀가 놓칠 리 없다. 즉시 개입하여 그 사람의 심령을 결박한다. 마귀가 으르렁거리는 사자처럼 두루 다니면서 삼킬 자를 찾는다 벧전 5:8는 말씀의 뜻을 알아야 한다.

주님은 히브리서 기자의 입을 통해 좀 더 구체적으로 이 문제에 대해 경고하셨다. 복음을 믿고 하나님의 은혜로 성령체험을 한 자가 타락하여 다시 사탄의 품으로 돌아가면 그것은 예수님을 다시 십자가에 못 박는 파렴치한 죄를 범한 자로 새롭게 할 수도, 회개하게 할 수도 없다고 말씀하셨다. 히브리서 6장 4-6절을 보자.

"한 번 빛을 받고 하늘의 은사를 맛보고 성령에 참여한 바 되고 하나님의 선한 말씀과 내세의 능력을 맛보고도 타락한 자들은 다시 새롭게 하여 회개하게 할 수 없나니 이는 그들이 하나님의 아들을 다시 십자가에 못 박아 드러내 놓고 욕되게 함이라."

복음의 빛을 받고 하늘의 은사를 맛보고, 성령체험을 하며, 진리의 말씀의 가치와 주님의 재림과 장차 임할 하늘의 능력을 깨달은 자라면 하나님이 베푸신 은혜를 충만하게 받은 사람이다. 장성한 믿음의 사람이라 할 수 있다. 이런 사람들 중에는 목회자들도 있다. 주 예수님 이외도 구원의 다른 길이 있다고 주장하는 다원주의자나, 모든 종교의 통합이 가능한 일이라고 종교통합 운동에 앞장서는 자나, 일제日帝의 신사에 참배하는 것이 옳다고 가르쳐 수많은 교인들을 멸망의 구덩이에 빠뜨린 배교자 등은 주님을 다시 십자가에 못 박는 사악한 죄를 범한 자로 회개도 소용이 없다는 말일 것이다.

이어서 히브리서 6장 7-8절은 앞에서 언급한 내용과 연결된다.

"땅이 그 위에 자주 내리는 비를 흡수하여 밭 가는 자들이 쓰기에 합당한 채소를 내면 하나님께 복을 받고 만일 가시와 엉겅퀴를 내면 버림을 당하고 저주함에 가까워 그 마지막은 불사름이 되리라."

여기서 '밭'은 그리스도인을, '비'는 하나님의 은혜와 성령의 감화를 말한다. 농부가 땀 흘려 밭갈이하고 씨를 뿌려 채소 농사를 지었으면 탐스런 채소를 수확할 수 있어야지, 채소 대신 가시와 엉겅퀴밖에 얻을 게 없다면 농부는 어찌하겠는가? 그 가시와 엉겅퀴를 불태워버릴 뿐 아니라 그 땅도 갈아엎을 것이다. 하나님도 가시와 엉겅퀴 같은 배교자들에게 그렇게 하신다는 것이다. 히브리서 기자는 히브리서 6장 4-8절에서 배교자들이 어떤 종말을 맞을 것인가를 엄히 경고하면서, 9절에서는 수신자들을 이렇게 격려한다.

"사랑하는 자들아 우리가 이같이 말하나 너희에게는 이보다 더 좋은 것 곧 구원에 속한 것이 있음을 확신하노라."

수신자들은 배교자들보다 훨씬 좋은 것, 즉 구원의 믿

음을 소유했으므로 하나님의 은혜 가운데 있음을 히브리서 기자는 강조한 것이다. '이보다 더 좋은 것, 곧 구원에 속한 믿음'을 타락한 배교자들을 향한 말로 잘못 해석하면 복음은 형편없이 뒤틀어진다. 하나님의 아들을 드러내 놓고 욕되게 하는 배교자는 회개케 할 수도 없다는 앞 절의 말씀을 부인하는 것이고, 가시와 엉겅퀴를 내는 밭은 저주를 받아 불살라진다는 구절도 뒤집는 결과를 가져오기 때문이다.

이단에 속한 자

네 번째로 지옥에 가는 자는 이단에 속한 자다. 이단이란 기독교를 표방하면서 성경과 전혀 다른 이론을 만들어 가르치는 종교단체를 말한다. 세상은 변해도 하나님 말씀은 일점일획도 변하지 않는다. 그런데 어떤 사람들은 성경 말씀에 사람의 생각을 덧붙이기도 하고, 빼기도 하면서 말씀을 변질시킨다.

이를테면, 하나님 앞에서 회개하는 것이 아니라 인간 사제 앞에서 회개해야 한다고 가르치고, 마리아가 죽음을 경험하지 않고 승천한 하늘의 여왕이며, 마리아에게 기도해야 한다고 주장하는 로마교는 말할 것도 없고, 세상에는 성경과 다른 복음을 전하는 자들이 많다. 아무리 성품이 선량하고 선행을 많이 했어도 이단에 속한 자는 지옥에 갈 수밖에 없다는 것이 성령님의 말씀이다.

흔히 이단으로 일컬어지는 몇 개의 종교단체와 그들이 만든 교리가 성경과 어떻게 다른지 간단히 살펴보자.

몰몬교는 모르나이 천사로 가장한 미혹의 영에게 미혹된 조셉 스미스Joseph Smith, 1805-1844에 의해 설립된 교단이다. 조셉 스미스는 스스로 계신 하나님은 한때 우리와 같이 육신을 가진 인간이셨고, 모든 몰몬의 남성들은 누구든지 하나님이 될 수 있으며, 그들에게 영생이란 인간이 하나님이 되는 것을 말한다. 몰몬교가 주장하는 예수 그리스도는 하나님의 독생자가 아니며 신성을 가지신 분도 아니다. 그들에게 그리스도의 대속적인 죽음은 아무 의미가 없다.

또한 그들은 일부다처제를 주장하여 조셉 스미스는 34명의 아내를 두었고, 그의 후임자인 브리감 영Brigham Young, 1801-1877은 27명의 아내들을 두기도 했다. 이 일부다처의 교리는 오랫동안 몰몬교를 괴롭혔으며, 결국 미국

행정부의 압력에 의해 당시 교단장이었던 윌포드 우드럽 Wilford Woodruff, 1807-1898은 1890년에 일부다처제의 중단을 결정했는데, 이것은 몰몬교에서 가장 중요한 변화였다. 몰몬교의 정식 이름은 '말일성도 예수 그리스도의 교회'The Church of Jesus Christ of Latter-day Saint이지만 내용은 기독교와 많이 다르다.

안식교는 1844년 10월 22일에 예수님이 재림하신다는 윌리엄 밀러William Miller의 시한부 종말론에서부터 시작되었다고 볼 수 있다. 그런데 윌리엄 밀러의 재림 예언이 불발로 끝나 거짓으로 판명되자 그를 따르던 사람들이 대실망에 빠졌고, 그때 엘렌 와이트Ellen G White, 1827-1925라는 여인이 밀러의 종말론을 재해석하고 추종자들을 다시 규합하므로 제칠일안식일예수재림교Seventh day Adventists가 만들어졌다.

그들은 예수님께서 마태복음에서만 지옥에 대해 6번이나 말씀하셨는데도 불구하고 사후 영혼은 존재하지 않으며, 의인은 부활하여 영생하지만 악인은 그 영혼이 불태워 소멸되기 때문에 지옥은 없다고 주장한다.

그들은 1831년부터 1844년까지, 그리고 그 후에도 예수님의 재림에 대해 날짜를 바꿔가면서 예언했지만, 모두 불발로 끝나자 황당한 변명을 계시라는 이름으로 만들어냈다. 예수님께서 직접적으로 지상에 재림하시는 것이 아니라 처음으로 성소의 둘째 칸으로 들어가셨고, 지상에 오시기 전에 지성소에서 하실 일이 있음을 깨달았다는 것이다. 그들은 여러 번 빗나간 한 여인의 미혹된 환상들을 특별계시로 삼아 성경에 버금가는 위치에 두고 있는데, 그렇게 해야 안식교가 존재할 수 있기 때문일 것이다.

여호와의 증인은 1870년에 펜실베이니아의 피츠버그의 잡화상이었던 찰스 러셀Charles T. Russell, 1852-1916에 의해 시작된 단체로 현재는 뉴욕의 브루클린에 그 본부를 두고 있다. 그들은 삼위일체설을 부인하고 예수 그리스도는 피조물로 천사장 미가엘이고 루시퍼와 형제였다고 주장하며, 성령은 일종의 활동력이라고 가르친다.

러셀은 1914년에 주님의 재림과 더불어 천년왕국이 시작되고 144,000명의 여호와의 증인들만 구원받는다며 시한부 종말론을 퍼뜨렸지만, 그것이 불발로 끝나자 1년 연장하여 1915년으로 정했다. 그러나 아무 일도 일어나지 않자 조직은 폐쇄될 위기에 처하기도 했다. 안식교의 영향을 받아 사랑의 하나님께서 지옥을 만드실 리 없다며 영혼소멸설을 주장한다.

1916년에 교주 러셀이 사망하자 그의 후임자가 된 조셉 리더포드Joseph Rutherford, 1869-1942 역시 1918년, 1925년에 종말이 온다고 예언을 했다가 거짓으로 판명되자 많은 신도들이 이탈했다. 그들은 〈워치타워〉Watch Tower라는 잡지를 발행하며 포교활동을 하고 있다.

그 외에 성경을 조금만 알아도 식별할 수 있는 자칭 재림예수나, 보혜사 성령을 자처하는 인간을 신앙의 대상으로 삼는 통일교나 신천지를 비롯한 군소 이단들이 얼마나 많은지 일일이 거명하는 것조차 번거로운 일이 아닐 수 없다. 성경과 전혀 다른 사람의 이론이나 교리를 믿어서는 구원받지 못한다. 기독교 신앙의 유일한 근거는 성령의 감동으로 하나님의 계시를 기록한 성경밖에 없기 때문이다.

사랑의 사도로 일컫는 사도 요한이 이단을 상대하지도 말고, 인사조차도 하지 말라는 강력한 경고를 한 이유다. 그의 경고를 들어보자.

"누구든지 이 교훈을 가지지 않고 너희에게 나아가거든 그를 집에 들이지도 말고 인사도 하지 말라 그에게 인사하는 자는 그 악한 일에 참여하는 자임이라"(요이 1:10-11).

사도들이 전한 복음이 아닌 다른 교훈을 가르치는 이단과는 상종조차 하지 말라는 이유는, 영혼을 망치기 때문이다. 순수한 복음이 생명수라면 혼합된 복음은 오염된 폐수라 할 수 있다. 폐수를 계속 마시면 병들어 생명을 잃는 것처럼 혼합된 복음인 이단 사상을 받아들이면 영혼이 병들어 결국 생명을 잃는다.

부르심이 없는 거짓 선지자

다섯 번째로 거짓 선지자는 지옥에 들어간다. 선지자란 하나님의 말씀을 전하는 직분을 받은 사람이다. 유대인들은 랍비를 가장 존경했다. 그들은 랍비에 대한 의무를 부모에 대한 의무보다 더 중요하게 여겼다. 왜냐하면 부모는 자신에게 생명을 주는 역할을 하지만, 랍비는 영원한 생명을 주는 역할을 하기 때문이라는 것이다. 만일 부모와 랍비 둘이 적에게 포로로 잡혀 있다면 랍비를 먼저 구출해야 한다고 그들은 가르쳤고, 만일 부모와 랍비가 동시에 도움을 청한다면 랍비를 먼저 돕는 것이 의무라고 여겼다. 이렇게 유대인들은 영생으로 인도하는 영적 지도자의 직무를 중요하게 생각했던 것이다.

그런데 옛날이나 지금이나 거짓 선지자들이 많은 것이 문제다. 특히 예수님은 마지막 때가 되면 거짓 선지자들이 많아져 사람들을 미혹할 것이라고 여러 번 경고하셨다 마 24:11. 거짓 선지자는 양의 탈을 쓰고 영혼을 노략질하는 이리로 몹시 해로운 자들이다.

하나님의 부르심이 없어 목양의 기름을 받지 못한 목회자는 거짓 선지자다. 진리를 진리 그대로 전하지 않고 혼합된 진리를 전하는 자, 경건의 복음을 자기 이익의 재료로 삼는 자, 남에게는 말씀 실천을 요구하면서 자기는 그것을 외면하는 자는 거짓 선지자다. 이단으로 낙인이 찍힌 자들은 사람들이 경계를 하지만, 기성 교회에서 제한받지 않고 설교하는 자들 가운데 거짓 선지자가 많다.

율법으로 의롭게 된다는 유대 교사들과 맞서 주 예수를 믿음으로 구원을 받는다는 이신칭의의 복음을 전하는 일에 생명을 걸었던 인물이 바로 사도 바울이다. 그런 바울이 서신서 곳곳에서 행함이 없는 죽은 믿음으로는 하나님의 나라를 상속받을 수 없음을 강조했다. 믿음에 대한 야고보의 가르침과 조금도 다르지 않다. 그는 하나님의 나라는 거룩한 자들만 들어갈 수 있으며, 행함이 없는 죽은 믿음에 대한 위험성을 계속 경고했다롬 8:13; 고전 6:9-10; 갈 5:19-21; 엡 5:5.

그런데 현대의 많은 복음주의 목사들은 믿는다고 말만 하면 구원받는다는 값싼 복음의 프레임 속에 들어가 성경의 다양한 내용을 조직화시켜 획일적으로 해석한다. 눈이 밝은 성경 교사들이 조직신학을 필요악이라고 말하는 이유다. 그들은 거룩한 행위를 강조한 수많은 말씀들은 외면하고 표면적인 믿음만 강조하는 '믿음주의' 틀 속에 갇혀 있다. 그들에게는 사랑만 있고 공의는 없으며, 은혜만 있고 회개는 없다. 좁은 문과 좁은 길도 없다.

현대의 전도자들은 대부분 복음을 설교한 후 주 예수를 구주로 영접할 것을 요구하며 이에 응한 사람들을 향해 구원을 선포한다. 이것은 구원이 개인의 결단에 달린 것이며, 구원의 주체는 인간이라는 심각한 오류다. 그들은 청중에게 즉각적인 믿음을 요구하며 회개하지 않은 자연인들을 구원의 대열에 합류시키는 일에 초점을 맞춘다. 이러한 현대적 전도 방식의 원조는 19세기 초에 미국에서 활동했던 찰스 피니Charles Finney, 1792-1875일 것이다.

그 후에 많은 전도자들이 조금씩 바꾸고 수정하면서 피니의 전도 방식을 따랐다. 그러나 찰스 피니는 펠라기안주의Pelagianism를 기독교 복음에 끌어들인 사람으로 인간의 전적 타락을 부정하고, 아담의 원죄가 전가됨을 부인했으며, 그리스도의 대속의 죽으심을 인정하지 않았다. 그는 인간의 자유의지에 의해 구원이 결정된다는 생각으로 집회 참석자들이 자기 의지로 영접기도를 따라 하면 구원을 받는다고 말한 것이다.

그러나 성경은 전적인 타락으로 말미암아 인간은 스스로의 힘으로 구원받을 수 없음을 가르친다. 성령의 조명이 없이는 진정한 회개도 할 수 없고, 구원의 믿음도 소유할 수 없다. 그러므로 에베소서 2장 8절은 '믿음은 하나님이 주시는 선물'이라는 사실을 명시한다. 구원은 처음부터 끝까지 하나님께서 베푸시는 전적인 은혜로만 가능하다. 그렇다면 하나님께서 택하신 자들은 하나님이 알아서 구원하실 터이므로 전도할 필요가 없는가? 그렇지 않다. 하나님이 하실 일이 있고 사람이 해야 할 일이 있다.

빌립보 감옥에서 바울이 간수에게 복음을 전했다. 그때 복음을 받아들이든지 배척하든지는 간수가 선택할 몫이었다. 간수는 그것을 받아들이는 쪽을 택했고 세례까지 받았다행 16:33. 만일 바울이 전도하지 않았다면 그 간수는 구원받지 못했을 것이다. 또한 간수가 복음을 듣고 그것을 배척했어도 구원받지 못했을 것이다. 이렇게 구원에 있어서 반드시 인간이 해야 할 일이 있는 것이다. "천국은 침노하는 자가 빼앗는다"마 11:12라는 말씀이나 "항상 복종하여 두렵고 떨림으로 너희 구원을 이루라"빌 2:12는 말씀 등은 구원에 있어서 사람의 책임도 분명 있음을 의미한다.

마틴 로이드 존스Martyn Lloyd Jones, 1899-1981는 개혁자 요한 칼빈John Calvin, 1509-1564이 히말라야 산맥이라면 경건한 목회자요 신학자였으며, 대각성운동의 선구자로 인정받는 미국의 조나단 에드워즈Jonathan Edwards, 1703-1758는 에베레스트 산이라고 비유할 정도로 그의 신앙과 신학 사상을 높이 평가했다. 만일 그가 주 예수를 믿는다고 고백하든지, 전도지 하단의 기도문을 읽으면 구원받는다는 요즘 유행하는 전도 방식을 들었다면 아마 기겁했을 것이다. 그는 구원에 있어서 인간이 해야 할 일이 있음을 강조했다. 그의 말을 조금 들어보자.

"만일 당신이 회심하고자 한다면 사람들에 대한 사랑과 자비의 의무들을 다 수행해야 합니다. 부모에 대한 책임 있는 행동과 형제자매, 그리고 남편, 아내, 자녀들에 대한 사랑의 의무들, 이웃들에 대한 책임들을 수행하면서 그것을 찾아야 합니다. 모든 악의, 분쟁, 시기, 험담을 피하고 사랑의 실천에 풍성하며 모든 선한 일에 힘써야 합니다… 그리고 모든 예배에 참석하고 은혜의 수단들을 부지런히 사용하며, 하나님과 사람에 대한 모든 의무를 수행해야 합니다."

에드워즈는 '행위 구원'을 가르친다는 오해를 받을 정도로 인간의 책임을 강조하면서 하나님이 명하신 모든 명령들을 충실히 지킬 때 신령한 은혜를 받게 된다고 가르쳤다. 원하므로, 혹은 달음박질하므로 구원이 보장받는 것은 아니다. 그러나 그의 경험으로 보면 구원의 은혜를 열심히 찾는 자는 대부분 구원을 받았으며, 인생에서 가장 중요한 것 하나를 들라면 바로 구원이므로 인간은 이 문제에 최우선적인 관심을 기울여야 함을 강조했다.

주일 예배를 끝내고 산상 집회를 위해 교인들과 함께 기도원에 갔다. 1부 찬송이 끝나고 설교를 마친 후 나는 찬송을 부르며 안수받기를 원하는 교인들의 머리에 손을 얹는 방식으로 집회를 인도했다.

그날 저녁 집회에서는 뼛속까지 불교 신자인 자매가 성령의 불세례를 받고 인생이 뒤바뀌는 일이 일어났다. 머리에 손을 얹는 순간 불 같은 것이 머리로 들어오면서 주체할 수 없는 감정으로 회개의 눈물을 쏟았다는 간증을 들었다.

다음 순서로 주일날 교회에 두 번 나온 남자 전도사의 머리에 손을 얹었다. 그는 열한 살 때부터 얼굴의 절반이 마비되어 무려 46년 동안이나 지체부자유자로 살아온 사람이다. 정면에서 서로 마주 보면 눈의 초점이 옆을 향하기 때문에 똑바로 얼굴을 보기가 민망할 정도로 장애가 심했고, 발음도 어눌했다.

집회가 끝났을 때 그는 흥분하여 말도 제대로 잇지 못하면서 간증을 하는 것이었다. "목사님이 안수하실 때 하나님께서 내 얼굴을 치료하셨습니다." 하나님께서 그에게 크신 은혜를 베푸셔서 그의 얼굴이 정상으로 돌아온 것이다. 너무 놀랍고 기쁜 나머지 집회가 끝나기도 전에 화장

실로 달려가 마비된 쪽의 머리를 벽에 부딪혀보니 통증이 오더라는 것이다. 감각이라고는 전혀 없던 안면의 반쪽 부분의 마비가 풀린 것이다. 흥분과 감격을 못 이긴 그는 가족들에게 전화를 걸어 이 사실을 알렸고, 평생 아들 때문에 가슴앓이를 하던 그의 부친은 잔치를 하자며 온통 집안에 난리가 났다고 한다.

집회가 끝나고 친교 시간이 되어 "전도사님은 어찌하여 사역자가 되셨습니까?"라고 질문했다. 부르심에 대해 물은 것이다. 그는 신학교만 나왔을 뿐 사역자로서 어떤 역할도 못하고 어둠 속에서 살고 있었다. 그를 인도한 사람의 말에 의하면, 그는 동거녀를 폭행하여 경찰로부터 접근금지 명령을 받은 상태라고 한다. 사람들을 구원의 길로 이끌며 믿음의 본을 보여야 할 사역자가 평균 이하의 생활로 하나님의 영광을 가리고 있었던 것이다.

만일 원수에게 속아서 거짓 선지자의 길을 가고 있다면 그가 새로운 인생을 살 수 있도록 돕고 싶어 이런 질문을 한 것이다. "하나님의 음성을 들었습니다." 나는 직감적으로 소명에 문제가 있다는 생각이 들어 다시 질문했다. "원수도 성령님의 음성으로 가장하는 경우가 많은데, 이번 기회에 소명을 다시 한 번 확인하는 기회로 삼으면 어떻겠습니까? 원하시면 기도로 돕겠습니다." 반가워할 줄 알았는데 반대로 그의 얼굴 기색이 좀 불편해 보였다.

그 후 주일예배 때 그의 얼굴이 보이지 않았다. 그를 인도한 사람이 말한다. "소명을 다시 확인해보라는 목사님 말씀에 기분이 상해서 우리 교회에 안 나오겠답니다. 목사님에 대한 비난이 대단합니다." 어이가 없었다. 돕고 싶어 한 말인데… 그를 더 이상 만날 수 없었다.

1년쯤 후에 교인 한 사람이 그를 우연히 길에서 만났는데 그의 안면마비 증세는 재발되었고, 과거보다 상태가 더 나빠졌다고 한다. 그 말을 듣는 순간 베데스다 연못가에서 38년 된 병자를 치료해 주신 주님이 그를 다시 만나셨을 때 하신 말씀이 생각났다.

> "…보라 네가 나았으니 더 심한 것이 생기지 않게 다시는 죄를 범하지 말라"(요 5:14).

하나님의 부르심이 없는데 스스로 원해서, 혹은 속아서 사역자의 길을 가는 사람들이 너무 많은 시대다. 사역의 길은 고난의 가시밭길이며, 장차 받을 상급만을 바라보며 가야 하는 좁고 외로운 길이다. 성경 지식을 갈고 닦아 말씀의 전문가가 되어야 하고, 끊임없는 회개와 기도로 성령 충만을 받아 하늘의 능력으로 무장해야 한다. 그렇지 않으면 사탄과의 영적 전쟁에서 성도들을 보호할 수 없다. 또한 목사는 말씀을 가르칠 뿐 아니라 그 말씀을 따라 살아감으로 양 무리의 본이 되어야 한다 벧전 5:3.

목양사역은 열정적인 노력만으로 되는 일이 아니다. 목양사역은 지적 활동이 아니고 하늘의 능력으로만 가능한 영적 사역이기 때문이다. 지식이 있다고 해서 함부로 목양사역에 뛰어들다가는 오히려 영혼을 망치는 일에 몰두하다가 참담한 실패로 끝날 수밖에 없다. 학교 교육하는 식으로 제자훈련 교재를 읽고, 큐티를 하고, 시험도 치면서 초급반, 중급반, 고급반의 단계로 나누어 교육한다고 해서 거듭나는 것은 아니다. 예수님은 중생하지 못하면 하나님 나라를 볼 수도 없고, 들어갈 수도 없다고 말씀하셨다 요 3:3, 5. 중생은 사람의 두뇌활동에 의해 이루어지는 것이 아니라 하나님의 주권적인 행사다.

그러므로 하나님의 부르심이 없어 목양의 기름을 받지 못하면 결국 영혼들을 죽이는 이리와 다를 바 없으며, 그에 대한 책임을 피할 수 없다렘 23:1. 성정이 악해서 이리가 아니라 결국 영혼을 죽이는 일을 하기 때문에 이리인 것이다. 예수님 당시의 종교 지도자들에게 하신 주님의 말씀을 들어보라.

"화 있을진저 외식하는 서기관들과 바리새인들이여 너희는 교인 한 사람을 얻기 위하여 바다와 육지를 두루 다니다가 생기면 너희보다 배나 더 지옥 자식이 되게 하는도다"(마 23:15).

서기관과 바리새인은 그 당시 최고의 지식인들로 성경에 능했고, 도덕성도 뛰어났으며, 율법을 가장 잘 지키는 사람들로 정평이 나 있는 백성의 지도자들이었다. 그러나 그들은 힘들게 얻은 교인들을 하나님 백성으로 만든 것이 아니라 자신들과 같은 종교인으로 만드는 일에 열심이었다. 주님의 사자가 아니라 지옥의 사자 노릇을 했던 것이다. 지금도 다르지 않다. 주님의 부르심이 없어 목양의 기름을 받지 못하면 그들과 다를 바 없을 것이다.

그러면 거짓 선지자를 어떻게 식별할 수 있는가? 그들의 열매를 보라고 주님은 말씀하신다. 그들은 위의 것에는 관심이 없다. 오직 땅의 것에만 관심을 쏟으며 그것을 더 얻으려고 삼삼오오 떼를 지어 분주하게 움직인다. 그들에게서는 성령의 능력도, 성령의 열매도 발견할 수 없다. 장차 받을 심판을 어떻게 감당하려 하는지 두려운 일이다.

 의사醫師 직업을 포기하고 LA 인근에서 사역하는 김갑선 목사님이 건강 세미나에서 한 간증이 하나 생각난다. 목사 안수를 받고 수년 동안 목회를 했지만 그는 솔직히 거듭난 자가 아니었다고 한다. 그런데도 교인 숫자가 상당히 많았고, 교인들은 그 사실을 모르더라는 것이다. 그 후 회개를 하면서 성령세례를 받고 그는 과거에 했던 자기의 목회사역이 얼마나 무섭고도 위험한 일이었는지 비로소 알았다고 하면서 이런 말을 했다.

 "지금 거듭나지 못한 육에 속한 목사들이 얼마나 많은지 통탄을 금할 수 없습니다. 그들은 스스로를 속이고, 교인들을 속이다가 함께 구덩이에 빠지는 무서운 결과를 초래할 것이라는 사실을 알아야 합니다."

 거짓 선지자들이 비록 주님의 이름으로 권능을 행했다 하더라도 주님은 그들을 불법자로 여겨 하나님 나라에서 추방하겠다고 말씀하셨다마 7:23. 그러므로 거짓 선지자가 살 길은 가슴을 찢는 회개를 하고 지금의 자리에서 내려오는 것뿐이다.

제4장

회개는 개인과 교회의 성장을 가져온다

─────────── 죄를 고백하고 버리는 회개는 성령의 역사를 확장시키므로 개인의 성장은 물론 교회 공동체의 성장을 가져온다. 그러나 교인 간에 시기나 갈등 등으로 불화가 있다든가, 지체 가운데 누군가 죄에 묶여 있다든가 하면 은혜의 통로가 막히기 때문에 좀처럼 개인이나 교회 공동체에 부흥은 일어나지 않는다. 은혜의 문을 여는 열쇠는 진실한 회개다.

1907년도에 평양에서 시작하여 전국으로 불길같이 퍼져 나간 부흥의 역사는 회개에서 시작되었다는 사실은 우리에게 귀한 교훈을 준다. 장대현교회에서 시작한 부흥의 물결은, 평양 시내는 물론 전국으로 마치 들불처럼 번져나가면서 폭발적인 교회 성장을 가져온 것으로 유명하다. 이는 세계적인 대부흥 가운데 하나로 일컬어지는 기념비적인 사건이라 할 수 있다.

중국에서 사역했던 캐나다 출신 선교사 조나단 고퍼스 Jonathan Goforth, 1859-1936가 남긴 《성령의 불이 한국을 휩쓸었을 때》When the Spirit's Fire Swept Korea라는 제목의 소책자 안에는 평양의 부흥에 대한 역사적인 내용이 들어 있다. 요약해서 몇 가지만 소개하고자 한다.

평양에서 일어난 회개의 불길

1907년 1월 첫 주에 평양의 장대현교회에는 1,500여 명이 모여 사경회를 개최하였다. 8일째 마지막 날이 되었지만 마치 하늘이 놋으로 덮인 듯 아무 일도 일어나지 않았다. 저녁예배 때 길선주 장로가 회중 앞에서 1년 전 일을 고백하고 회개했다. 그런데 이것이 회개의 불길이 온 회중에게 번져나가게 한 도화선이 될 줄이야…. 길선주 장로가 목사 안수를 받기 전의 일이다. 길 장로가 서서 다음과 같이 자신의 죄를 고백했다.

"나는 아간과 같은 자입니다. 나 때문에 하나님께서 복을 주실 수 없었습니다. 약 1년 전 임종을 앞둔 한 나의 친구가 나를 자신의 집에 불러 이런 부탁을 했습니다. '길 장로, 나는 곧 세상을 떠날 것 같네. 내 아내는 그만한 능력이 없으니 자네가 내 재산을 좀 정리해 주면 좋겠네.' 그래서 나는 이렇게 대답했습니다. '걱정 마시게, 내가 그렇게 해 주지'라고 말했습니다. 그런데 그의 재산을 관리하던 중 미망인의 돈 100달러를 사취했습니다. 나는 하나님을 방해했으며, 100달러를 내일 아침 미망인에게 돌려주겠습니다."

그의 말이 끝나자 죄에 대한 통회자복이 성난 파도처럼 모여 있는 회중들 사이를 휩쓸고 지나갔다.

주일 저녁 7시에 시작한 예배는 다음날 월요일 새벽 2시가 되어도 끝나지 않았다. 그 시간 동안에 약 열두 명이 죄를 고백하기 위해 울면서 자신들의 차례를 기다리며 서 있었다. 몇 가지만 소개한다.

한 의료 선교사가 조선에서 가장 정직한 요리사 가운데 한 명을 두고 있다고 자랑해왔었는데, 그 요리사는 자기의 죄를 이렇게 고백했다. "나는 매번 의료 선교사님을 속여 왔습니다. 지금의 내 집과 재산은 선교사님을 속여서 구입한 것입니다." 회개한 후 그 요리사는 자신의 집을 팔아 그 선교사에게 입힌 피해 액수를 모두 갚았다.

그들 중 한 교사는 선교회로부터 필요한 땅을 구입해달라는 부탁을 받았다. 그런데 그는 땅값을 500달러라고 속여 80달러로 땅을 구입하고 나머지를 착복했음을 고백했다. 그는 회개를 하고 자기가 갖고 있는 전 재산을 팔아 선교회를 속여 취한 420달러를 모두 갚았다.

며칠 동안의 집회 기간 중 지옥의 고통을 통과한 것처럼 보이는 한 여인이 저녁예배 때 간음 죄를 고백했다. 그 집회를 주관하던 선교사는 너무 놀랐다. 그녀의 남편이 그 곳에 참석하고 있었기 때문이며, 그 남편이 법에 따라 그녀를 죽일 수도 있다는 것을 잘 알고 있었기 때문이다. 그런데 그 남편은 눈물을 흘리며 간음 죄를 범한 아내에게 다가가 무릎을 꿇고 그녀를 용서해 주었다.

회개가 가져온 아름다운 열매들

회개가 남긴 아름다운 열매들 몇 가지를 소개해 본다.

가정집에서 예배를 드리는 것이 너무 불편하여 교회의 중직들이 아담한 교회당을 짓기로 하고 땅을 물색했는데 좋은 땅을 발견했다. 땅값은 30달러였고 그들은 선교사에게 지원을 요청했다. 그러나 선교사는 그들에게 그 대지를 구입하라고 대답했고, 남자들은 이렇게 말했다. "선교사님은 우리의 형편을 잘 이해하지 못합니다. 우리는 극도로 가난하므로 선교사님이 땅을 구입할 돈을 주셨으면 좋겠습니다." 그 선교사는 "그것은 여러분들이 구입하셔야 합니다. 그것은 여러분들에게 많은 유익을 가져다 줄 것입니다"라고 말했다. 그러나 그 사람들은 자신들이 가난하다는 사실을 계속 말하며 도움을 간청했다.

그때 남자 성도들이 구입할 의사가 없으면 자기들이 그것을 구입하겠다고 자매들이 나섰다. 그들은 각자 가지고 있던 패물들을 가져다 팔았지만 겨우 10달러밖에 되지 않았다. 그러나 그들은 낙심하지 않았다. 그 당시 한국의 음식 식기들은 주로 놋으로 만들어져 있었는데, 한 여인이 놋 주전자 한 개를 팔았고, 다른 여인은 두 개의 놋 사발을 팔았으며, 또 다른 여인은 몇 뭉치의 놋쇠 젓가락을 팔았다. 모두 다 팔자 20달러가 되었다. 패물을 판 10달러와 합하여

30달러로 그 교회 대지를 여인들이 확보하게 된 것이다.

다른 지역에서 교회 건축을 하면서 있었던 에피소드는 우리를 놀라게 한다. 그곳에는 아직 50달러의 교회 빚이 있었는데, 어느 날 교인 한 사람이 일어나 "선교사님, 내가 다음 주일까지 50달러를 가지고 와 그 빚을 갚겠습니다"라고 말했다. 선교사는 그 사람이 매우 가난하다는 것을 알기 때문에 "형제님 혼자 그것을 다 갚을 생각을 하지 마십시오. 우리 모두가 함께 힘을 모으면 그것을 곧 갚을 수 있을 것입니다"라고 말했다.

다음 주에 이 가난한 그리스도인이 50달러를 가지고 왔다. 그 선교사는 깜짝 놀라 "어디서 이렇게 큰 돈을 구할 수 있었습니까?"라고 물었다. 그 형제는 "선교사님, 걱정 마십시오. 그 모든 돈은 깨끗한 돈입니다"라고 대답하는 것이었다.

몇 주 후 그 지방을 순회 전도하던 선교사가 그 형제의 집을 방문했다. 그의 아내에게 남편이 있는 곳을 묻자 "들에 나가 밭을 갈고 있다"라고 대답했다. 들로 나가던 선교사는 한 노부老父가 쟁기를 잡고 그의 아들이 멍에를 메고 밭을 갈고 있는 모습을 발견했다. 선교사는 놀라 "소는 어디에 두고 당신들이 밭을 갈고 있습니까?"라고 물었다. 그 신실한 그리스도인은 "내가 예수 그리스도의 교회가 믿지 않는 불신자에게 50달러를 빚지고 있는 것을 보고 참을 수 없어, 그 빚을 갚기 위해 소를 팔았습니다"라고 대답하는 것이었다. 충격을 받은 선교사는 놀란 나머지 그 자리에 한동안 서 있어야 했다.

그 당시 평양에서의 회개는 죄를 뉘우치고 고백하는 것으로 끝난 것이 아니었다. 남에게 피해를 준 사람들은 그 피해를 입은 사람들을 찾아다니면서 잘못을 사과하고, 남의 재물이나 돈을 훔친 사람들은 그것을 갚아 주었는데 비단 교인들에게뿐 아니라 불신자에게도 그렇게 하였다. 진정한 회개를 한 것이다. 18-19세기 영국, 미국의 부흥 역사에서 볼 수 있었던 것처럼 죄에 대한 회개는 개인이나 교회의 성장과 부흥에 결정적인 역할을 했다. 길선주 장로의 회개로부터 시작된 부흥의 불길은 전국으로 번져나가게 되었다. 1907년 중엽까지 평양 지역에서만 3만 명이 회심하고 예수님께 돌아오는 놀라운 역사가 있었다.

회개 없이 천국 없다

성경을 보면 믿음의 인물들은 하나같이 회개한 사람들이라는 사실을 발견하게 된다. 산상수훈에도 "애통하는 자는 복이 있나니 저희가 위로를 받을 것이요"라고 주님은 말씀하셨고, 베드로도, 바울도 전도 여행을 다니면서 하나님 앞에서 회개하라고 외쳤다. 천국은 회개한 자에게 임한다는 뜻이고, 자기가 죄인이라는 사실을 인식하지 않는 한 복음은 의미 없는 것이라는 뜻이기도 하다.

바울은 로마서 7장 24절에서 "오호라 나는 곤고한 사람이로다 이 사망의 몸에서 누가 나를 건져내랴" 하며 탄식했으며, 이사야도 환상 가운데 하나님을 뵙고 난 후에 자기가 얼마나 추악한 죄인인가를 깨닫고 "화로다 나여 망하게 되었도다 나는 입술이 부정한 사람이요 나는 입술이 부정한 백성 중에 거주하면서 만군의 여호와이신 왕을 뵈었음이로다"라고 탄식하며 회개했다.

방탕하게 살았던 어거스틴은 깊은 회개를 통해 변화를 받았는데 그는 죄의 욕망이 일어날 때 자기 팔을 물어뜯으면서 회개했고, 마틴 루터는 죄를 뉘우치며 회개할 때 졸도하기까지 했다고 한다.

회개의 중요성에 대해 로이드 존스는 이렇게 말했다.

"회개 없는 구원은 없습니다. 회개의 필요성이야말로 성경이 논쟁하지 않는 절대적인 것 중 하나입니다. 회개의 의미를 깨닫지 못하면서 기독교의 구원을 맛볼 수 있는 사람은 아무도 없습니다. 죄에 대한 성경의 입장은, 죄는 끔찍한 악의 세력이며, 너무도 끔찍하고 강력해서 인간이란 인간을 다 거꾸러뜨린다는 것입니다. 그리고 이 세상 모든 사람을 죄 앞에 무릎을 꿇게 만든다는 사실입니다. 죄의 세력이 얼마나 크고 끔찍스러운지 다윗처럼 흠잡을 데 없이 훌륭한 사람까지 걸려 넘어진 것을 보면 알 수 있지 않습니까? 당신이 육신을 입고 이 땅에 사는 동안 당신의 마음속에, 당신의 주변에 이처럼 끔찍하고 극악무도한 세력이 판치고 있다는 사실을 깨닫지 못한다면 당신은 이 문제에 관한 한 그야말로 어린아이에 불과하다고 할 수 있을 것입니다."

맺는말

보통 설교는 무겁고 딱딱하며 졸음을 불러오는 따분한 것이라는 선입견을 가지고 있다. 그러나 진리의 말씀은 믿음의 사람들에게 기쁨과 즐거움을 주고, 잠자는 영혼을 깨워주며, 눈에 보이지 않는 새로운 세계로 이끌어주는 역할을 한다.

회개는 죄를 이기는 힘이고 능력이며, 하나님의 행위 책에 기록된 죄의 기록들을 지워주는 지우개와 같고, 죄악으로 얼룩진 심령을 희고 깨끗하게 만들어주는 신비한 묘약이다. 회개하고 믿어야 산 믿음을 얻을 수 있고, 중생의 은혜를 누릴 수 있다. 회개하고 믿어야 위로부터 내려오는 능력을 받아 십자가의 거친 길을 완주할 수 있고, 삶의 목적을 하나님의 영광에 둘 수 있다.

성경 말씀을 중심으로 현대의 그리스도인들이 흔히 범하기 쉬운 다양한 죄의 문제들을 다루면서 하나님께서 자녀들에게 베풀어주신 은혜로운 사례와 간증들을 이 책에 함께 담았다. '한 번 믿으면 구원을 받고, 그 구원은 영원하다'는 왜곡된 복음을 붙들고 있는 나약한 그리스도인들에게 회개의 기회를 제공하는 책이 되었으면 한다.

 인생을 통틀어 가장 중요한 것 하나를 들라면 그것은 구원일 것이다. 구원의 믿음은 그리스도 안에서의 회개를 전제로 한다. 교인들 가운데 회개라는 말을 좋아하는 사람은 별로 없다. 회개에 관한 책을 읽으려는 사람 또한 찾아보기 힘들다. 비록 소수일지라도 진실로 믿으려는 영혼들에게 작은 울림이 되는 책이 되었으면 하는 소망을 가져본다.

살려면 회개하라

1판 1쇄 인쇄 _ 2021년 4월 15일
1판 1쇄 발행 _ 2021년 4월 30일

지은이 _ 강신용
펴낸이 _ 이형규
펴낸곳 _ 쿰란출판사

주소 _ 서울특별시 종로구 이화장길 6
편집부 _ 745-1007, 745-1301~2, 747-1212, 743-1300
영업부 _ 747-1004, FAX 745-8490
본사평생전화번호 _ 0502-756-1004
홈페이지 _ http://www.qumran.co.kr
E-mail _ qrbooks@gmail.com / qrbooks@daum.net
한글인터넷주소 _ 쿰란, 쿰란출판사
등록 _ 제1-670호(1988.2.27)
책임교열 _ 최진희·최가영

ⓒ 강신용 2021 ISBN 979-11-6143-541-1 03230

책값은 뒤표지에 있습니다.
이 출판물은 저작권법에 의해 보호를 받는 저작물이므로 무단 복제할 수 없습니다.
파본(破本)은 구입처에서 교환해 드립니다.